NEW THREATS
GOVERNMENT DEBT ECONOMICS

新威胁

政府债务经济学通解

高连奎 / 著

中华工商联合出版社

图书在版编目（CIP）数据

新威胁：政府债务经济学通解 / 高连奎著. -- 北京：中华工商联合出版社，2023.6
ISBN 978-7-5158-3688-1

Ⅰ.①新… Ⅱ.①高… Ⅲ.①国债 – 研究 Ⅳ.①F810.5

中国国家版本馆CIP数据核字（2023）第093930号

新威胁：政府债务经济学通解

作　　者：	高连奎
出 品 人：	刘　刚
责任编辑：	于建廷　效慧辉
装帧设计：	周　源
责任审读：	傅德华
责任印制：	陈德松
出版发行：	中华工商联合出版社有限责任公司
印　　刷：	三河市宏盛印务有限公司
版　　次：	2023年7月第1版
印　　次：	2023年7月第1次印刷
开　　本：	710mm×1000mm　1/16
字　　数：	100千字
印　　张：	10
书　　号：	ISBN 978-7-5158-3688-1
定　　价：	58.00元

服务热线：010-58301130-0（前台）
销售热线：010-58301132（发行部）
　　　　　010-58302977（网络部）
　　　　　010-58302837（馆配部）
　　　　　010-58302813（团购部）
地址邮编：北京市西城区西环广场A座
　　　　　19-20层，100044
　　　　　http://www.chgslcbs.cn
投稿热线：010-58302907（总编室）
投稿邮箱：1621239583@qq.com

工商联版图书
版权所有　侵权必究

凡本社图书出现印装质量问题，
请与印务部联系。
联系电话：010-58302915

目录

导　论　人类的"新威胁"　001

上　篇　政府债务经济学
——经济危机"分型辩治"理论与"政府债务型经济危机"分析

第一章　经济危机的"分型辩治"理论　013
回顾2008年全球经济危机的根本原因　013
经济危机的"分型辩治"理论　015
凯恩斯、弗里德曼经济思想与笔者的区别　019

第二章　"政府债务型经济危机"的特征与直接原因　022
现代经济必然爆发政府债务型经济危机的四大根本原因　024

第三章　"税收不足常态化"与"公共产品市场非均衡"理论　028
"瓦格纳缺口"与"税收刚性"　029
凯恩斯学派财税理论的缺陷　031
公共产品与私人产品"匹配"理论　032
"公共产品市场非均衡"理论　033

第四章　产业升级与财税升级的关系
——兼谈"子虚补其母"的经济增长理论　036

经济结构"双升级"与"中等收入国家陷阱"的由来　037

产业升级的"子虚补其母"理论　039

"华盛顿共识"为何无法帮助发展中国家？　041

第五章　政府债务型经济危机对经济的直接危害　045

政府债务型经济危机对经济增长的五大危害：　045

政府债务型经济危机在民生方面的三大危害：　048

第六章　"政府债务－经济创新"传导理论　050

"政府债务－央行利率"螺旋理论　050

央行利率的"政府债务压制"　052

央行独立不可能原理与货币政策悖论　052

"政府高债务－央行低利率"陷阱　053

政府债务危机不可行的解决方法：印刷货币　054

零利率政策会导致信贷类金融业的衰落与崩溃　055

信贷类金融行业衰落会向经济创新传导　058

总结"政府债务－央行利率－金融投资－经济创新"传导机制　059

零利率会导致储蓄率的崩溃和民众过度消费　061

下 篇　"新财税主义宏观经济学"的财税改革理论
——人类税收变迁规律与财税改革的原理与方案

第七章　财税改革的历史经验与现实教训　065
"罗斯福财税体系"与新政成功　065
"罗斯福经济学"与"凯恩斯经济学"的区别　067
经济危机之后，中国三大经济学派的相互关系　068

第八章　新财税主义宏观经济学的核心经济思想　071
我们不应该盲目反对增加税收　076
人类税收变迁规律　077
应该将消费税升级为"社会资源消耗税"　078

第九章　新财税主义宏观经济学的税理思想与财税改革方案　081
新财税主义宏观经济学的税理思想：人类未来的四大增税空间　081
新财税主义宏观经济学改革建议："七增七减"的财税改革方案　085
用"新财税主义宏观经济学财税体系"取代"罗斯福财税体系"　090

第十章　建立"公民捐赠账户"制度并与国家救助制度相结合　092
民间捐赠也可以成为政府举办重大事业的资金来源　093
建立"公民捐赠账户"制度，实行"储蓄式捐赠"　095

鼓励高净值人群弃领国家社会保障费用　　096
　　企业可以实行自愿捐税　　097

第十一章　新财税主义宏观经济学的实践建议　　099
　　政府没必要忌谈增加税收　　099
　　中国进行财税改革的迫切性　　100
　　新财税主义宏观经济学改革的实践建议　　103

第十二章　新财税主义宏观经济学的衍生理论：第四代经济增长理论
　　——从"创新资本经济学"视角解释中国经济对美国的快速超越　　105
　　一、人类经济增长理论研究综述　　106
　　二、第四代经济增长理论强调"创新资本"的重要性　　110
　　三、新"国家竞争力"理论　　111
　　四、"创新资本募集能力"背后的货币政策因素　　113
　　五、影响货币政策的因素分析　　117
　　六、第四代经济增长理论熊彼特、鲍莫尔的经济学研究并不冲突　　118
　　七、经济增长的"内驱力"问题　　120

附录1　本书提出的经济理论汇总　　122

附录2　本书中提出的经济学概念　　139

附录3　对美国"供给学派"和"现代货币理论（MMT）"的比较与评价　　142
　　一、对美国"供给学派"的对比与评价　　142
　　二、对现代货币理论（MMT）的对比与评价　　146

导 论

人类的"新威胁"

现代经济学中研究"债务"问题的经济学家很多,近年来,经济学界"网红"的经济学家基本都是研究"债务"的,经济学界与"债务"有关的理论有:费雪的"债务-通缩"理论、明斯基的"金融不稳定学说"及"企业债务三阶段"理论、伯南克的"金融加速器"理论、辜朝明的"资产负债表衰退"理论等,但这些学者的共同点就是他们只研究了"企业债务",而没有研究"政府债务","政府债务"导致的经济问题与"企业债务"导致的经济问题是完全不同的,两种研究的结论也是不通用的。

经济学界最早发现"政府债务问题"的是德国历史学派的经济学家

瓦格纳，他最早发现了"瓦格纳法则"，也被称为"政府扩张法则"，认为"当国民收入增长时，财政支出会以更大比例增长，政府支出占GDP的比重将会提高"，但是瓦格纳更多是主张通过财政赤字解决政府债务，而非财税改革。在本书中，笔者将"政府支出增长与财税收入"之间的缺口，称为"瓦格纳缺口"。

瓦格纳之后，凯恩斯学派属于典型的"财政主义"。凯恩斯学派的勒纳提出了"功能财政"思想，认为财政支出应该服从于"经济调控"，而不是拘泥于"财政平衡"；汉森提出了"补偿财政"思想，认为可以用经济繁荣时期的"财政盈余"去补偿经济萧条时期的"财政赤字"，但凯恩斯学派基本没有涉及税收问题。凯恩斯学派更多的是从"经济周期调控"的角度看待财政问题，他们并没有看到"瓦格纳缺口"的问题，也远远没有瓦格纳那样的认知高度。

而且凯恩斯主义作为一种"危机经济学"，甚至认为"减税"也是可行的，萨缪尔森就协助肯尼迪政府制定了"通过减税刺激企业投资"的政策，当时也取得了一定的效果，"滞胀"爆发后，萨缪尔森的弟子蒙代尔受到"肯尼迪减税"良好效果的启发，为"滞胀"提出了"减税＋紧缩货币"的策略，成为后来"供给学派"的原型，但供给学派到了蒙代尔的弟子拉弗那里，就变成了整体减税。最后，美国在经历了里根与小布什两次"减税"后开始变得"债台高筑"。

面对高企的政府债务，美国经济学界几乎集体失声，只有"后凯恩斯学派"提出了所谓"财政赤字货币化"的解决建议。诚然，这种方案在短期内是有一定可行性的，但是从长期看必然也会受到"货币数量论"的束缚。"财政赤字货币化"与现行的"量化宽松"虽然不是一回事，但都是通过"增加货币"解决问题，都会面临相同的后果，一是廉价货币对整个经济、金融系统的冲击；二是通胀的威胁，这两种危害都不可避免。

中国有学者开始呼吁将"金融机构"纳入宏观经济模型，但是比这紧迫的是将"财税问题"纳入主流宏观经济学研究，而本书就是这方面的尝试。有时候，"实践是走到理论前面"的。人类虽然一直没有建立起完善的"财税宏观经济学"，但是这并不表明人类没有成功克服政府债务问题的实践经验。本书中，笔者提出了"罗斯福经济学"的概念，并指出其与凯恩斯经济学的区别。罗斯福经济学主张"投资+增税"，而凯恩斯经济学则主张"投资+减税",罗斯福经济学虽然源于凯恩斯经济学,但又对其进行了升级,罗斯福经济学才是"罗斯福新政"成功的根本原因。

在将财税问题纳入宏观经济研究框架之前,宏观经济学主要研究"经济增长"与"经济危机"问题,如果以本书的理论来衡量,人类以前的"经济增长"与"经济危机"研究也是存在很大问题的。

宏观经济学派别众多,每个学派都有自己的经济危机理论,而且都企图用一种经济危机理论解释所有的经济周期现象,但这并不符合现实。笔者提出了经济危机的"分型辩治"理论,指出了凯恩斯学派和弗里德曼的货币学派在对待经济危机时的本质差异,并且在"生产型经济危机"和"货币型经济危机"之外,又提出了"政府债务型经济危机"的概念,而这是凯恩斯和弗里德曼这两位重量级宏观经济学家都没有关注到的。

"政府债务型经济危机"正在成为人类面临的"新威胁",但是经济学界和各国政府却对此认识严重不足,原因在于"政府债务危机"以前主要发生在"快速发展的发展中国家","核心发达国家"很少爆发严重的"政府债务危机",但是这种局面正在被改变,"核心发达国家"也日益面临高企的政府债务的威胁,以前发展中国家面临政府债务危机的时候,发达国家往往用"华盛顿共识"的方法去解决,这让发展中国家深受其害,甚至一蹶不振,但"核心发达国家"却从不食用自己曾经开出的"药方",因此,如何解决政府债务问题成为经济学界必须解决的重要课题。

其实解决问题往往并不难,关键是要认识到问题的严重性。"新财税主义宏观经济学"并不是一般意义上的微观财税学,而是一种新宏观经济学,是从财税出发,系统研究政府债务、经济周期、央行利率、金融投资、经济创新与经济增长等一系列问题的经济学,这些问题都是宏观经济学中最重要的问题,而且这些问题是相互影响、相互联系的。所以"新财税主义宏观经济学"本质是宏观经济学,因此也可以称为宏观经济学中的"财税主义"或是宏观经济学的"财税学派"。

经济学研究往往是"功夫在诗外",如果我们"单就某一问题而研究"是很难研究透的,而应该是将多个问题放到一起进行"系统研究"。笔者在"新财税主义宏观经济学"中采用的是"通论式"的研究方法,此前经济学界采用这种研究方法的只有四人，分别是庞巴维克、威克赛尔、凯恩斯和费雪。庞巴维克主要构建的是"货币－生产－经济周期"之间的关系模型，威克塞尔构建的是"利率－投资－通胀－经济周期"之间的关系模型，凯恩斯构建的是"储蓄－投资－收入－经济周期"之间的关系模型，费雪构建的是"债务－利润－货币－经济周期"之间的模型，笔者是又一个对宏观经济学进行"通论式研究"的学者，笔者阐述的是"政府债务－央行利率－金融投资－经济创新"之间的关系模型。笔者的研究框架比他们更加宏大，在理解上也更加困难，但好在当代大部分学者都具备了基础的宏观经济学知识，因此不会出现费雪、凯恩斯那样很难被读懂的情况。

当前阻止宏观经济学"学科进步"的主要是微观经济学中"一般均衡"思想对宏观经济学的侵袭，目前起到主要阻碍作用的是西方"新古典宏观经济学"派提出"真实经济周期理论"。笔者在本书中也对这一理论进行了批判，并提出了"公共产品市场非均衡"理论，这个理论指出宏观经济的市场均衡由"私人产品市场均衡"和"公共产品市场均衡"两部分组成，自由市场只能实现私人产品市场的均衡，而无法自动实现公共产品市场的均衡。"技术进步"在导致私人产品丰富的同时增加对公共产品的需求，但公共产品的供给会受到"税收刚性"制约，因此会出现"公共产品市场的不均衡"，而要使公共产品市场重新回到均衡，则需要人为的干预，特别是财税改革的介入，因此"真实经济周期理论"是错误的。

导致"公共产品市场不均衡"的主要是公共产品与私人产品的"匹配"问题。公共产品与私人产品之间天然存在一个固定的"匹配"比例，而且这个比例是动态的，每个时代都不同，需要随着经济发展而调整。公共产品的数量必须主动去适应私人产品数量的增长，但现实是很难做到的。私人产品的增长主要是受到"技术进步"影响，"技术进步"会导致私人产品对"公共产品"的需求大幅增长，但是"公共产品"的供给却受到"税收刚性"影响，无法与之同步增长，因此不仅会出现公共产品与私人产品的"比例错配"，也会导致"公共产品市场"的失衡。现实经济中会存在两个"均衡点"：一个是私人产品市场的"均衡点"，可以自由移动；另一个是公共产品市场的"均衡点"，不可以自由移动。当然，私人产品市场的"均衡点移动"也是"技术进步"推动的，因此技术进步导致的仍然是"不均衡"的出现。如果要公共产品市场也实现均衡，就需要及时进行"财税升级"才行，但财税改革并不是随时都可以进行的，因此在这种情况下，"税收刚性"和"财税改革滞后"就导致了"政府债务型经济危机"或"财税性经济周期"的出现。

以前，主流经济学界对"财税问题"研究得比较少，"二战"之后，虽然也有少数诺贝尔经济学奖获得者的研究中涉及了财税问题，但他们的研究具有很大的局限性，其中比较知名的是维克里和莫里斯的"最优所得税"理论，他们仅仅探讨了"所得税"的最优征收，而没有研究整个宏观财税问题，美国供给学派的蒙代尔也获得了诺贝尔经济学奖，但他的财税主张仅是减税，并非全面财税改革，而且最终也被实践证明是错误的。

"新财税主义宏观经济学"是笔者2015年开始研究，2016年正式发表并推广的原创性经济学理论，开始称为"新财税主义"，后来称为"新财税经济学"，最后定名为"新财税主义宏观经济学"。理论提出时社会反响强烈，人民日报社《中国城市报》全文刊载了理论内容，凤凰卫视做了专题节目，2016年举办了新财税主义学术论坛，新浪网还进行了专题报道，中国社会科学报、证券日报、经济参考报、中国企业报、新京报、观察者网、《中关村》杂志等都对理论进行了报道，一时在学术界影响广泛，新媒体财经头条认为新财税主义有望成为继新供给、新结构之后的第三选择，凤凰卫视认为新财税主义与货币主义、产权主义共同构成中国经济走出困局的三条思路，财新网也刊发了《新财税主义的提出具有重大意义》的专家文章，然而，当时中国的地方政府债务问题还不那么严重，以至于"新财税主义宏观经济学"提出已经将近十年，"财税改革"仍然没有成为学术共识，但随着近年中国地方政府债务问题日益凸显，"财税改革"也开始提上日程。2022年10月31日，财政部发布《关于支持深圳探索创新财政政策体系与管理体制的实施意见》支持深圳在全国税制改革中先行先试。另外，环顾世界，各国政府债务问题也变得日益严重，但此时，"财税改革"仍不受重视，甚至供给学派的"减税"思想还经常在经济决策中处于主导地位，因此我们有必要继续推广"新财税宏观经济学"，因为我们现在所面临的问题，不是一个国家、一个政府或是某个领导人的问题，而是一个世界性的问题，是一个时代的命题。

上 篇

政府债务经济学

——经济危机"分型辩治"理论与"政府债务型经济危机"分析

第一章

经济危机的"分型辩治"理论

回顾2008年全球经济危机的根本原因

华尔街金融危机最初源于美国小布什政府发动两场战争,欠下巨债,不得不削减政府保障房支出,而削减保障房支出的策略则是由政府企业("两房")提供担保,再由华尔街的投行将银行发放给穷人的贷款证券化,以金融衍生品的形式卖给全世界的投资者,由此酿成次贷危机,后来又演变成华尔街金融危机,最终成为全球性经济危机。但这场危机最初的源头是政府甩包袱，是政府债务向民间转移的结果，因此2008年爆发的全球经济危机虽然表现为民间债务危机，但从本质上是政府债务危机，是政府债务向民间转移的结果。

2008年世界经济危机爆发已经过去了十几年，却很少有真正透彻的研究，经济学界也鲜有这方面的专著。人们对20世纪"大萧条"的研究持续了一百年，笔者认为"2008年全球经济危机"也应该像大萧条那样被研究，而且对2008年全球经济危机根本原因的"确诊"非常重要。如同人们看病一样，如果不能"确诊"，就谈不上正确治疗。笔者将这场危机定性为"政府债务型经济危机"，但世界各国政府却在"讳疾忌医"，对本国存在的政府债务问题视而不见，甚至还在用减税的方法增加政府债务，这主要还是因为人们对"政府债务型经济危机"的认识还不够。"政府债务型经济危机"是一种由政府债务问题引发的全面的经济危机，这种危机与以前人们经常提到的"政府债务危机"也不是一回事。以前发展中国家出现的政府债务崩盘只能算是"政府债务危机"，而不能算是"政府债务型经济危机"，因为以前的"政府债务危机"仅限于政府财政本身，并不会扩散到经济各个领域，但"政府债务型经济危机"是一种新型危机,是可以影响到国民经济各个领域的全面的经济危机,是当今世界各国面临的最大潜在威胁。

经济危机的"分型辩治"理论

有的经济学家追求用一种方法治疗好所有的经济危机,客观说这是不现实的,也是不科学的。我们应该对不同的经济危机进行"分型",然后再辩证施治,因此,笔者在此提出"经济危机的分型辩治"理论。

根据笔者的分析,现在人类所面临的经济危机已经经历了三个阶段,分别是生产过剩型经济危机、金融泡沫型经济危机和政府债务型经济危机。这是三种不同的经济危机类型,而目前大家所面临的经济危机主要是政府债务型经济危机,这种危机与以往的危机完全不同,是一种新型的经济危机。

生产过剩型经济危机爆发的主要原因是"技术周期"。新技术引发的早期暴利会导致过多的企业涌入这一领域，最终会出现产能过剩，从而爆发经济危机。大部分发达国家早年都发生过由生产过剩导致的经济危机，人类工业化早期的经济危机也大部分都是生产过剩型危机。

人类发生生产过剩型经济危机，主要是在工业化时代早期，那时新技术、新产业对整个经济的影响过大，到了后工业时代，生产过剩型经济危机爆发的概率已经不高，因为新兴行业在整个经济中所占的比重日益减小，整个经济更大的比重是被传统产业占据，某一新兴行业的产能波动并不会导致整体经济的大幅波动，如美国经历过互联网泡沫的破裂，中国经历过光伏行业的市场阵痛，都没有对整体经济产生太大的影响，因为这些新兴行业在整体经济中所占的比例已经不太高。

除了生产过剩型经济危机，金融泡沫型经济危机也是现代经济危机中最常见的形式。所谓金融泡沫型经济危机，就是指因金融泡沫破裂而导致的经济危机。金融泡沫危机的历史比生产过剩型经济危机爆发的历史还早。早在工业革命爆发前的殖民时代就出现了历史上非常著名的金融泡沫，如南海泡沫、郁金香泡沫等。随着工业时代的来临，股票市场扩容，金融泡沫危机变得更加频繁，而且这时金融泡沫型经济危机还经常与生产过剩型经济危机交织在一起成为经济危机的主要形式。

但笔者认为现代社会爆发金融泡沫型经济危机的可能性也已经不高，因为人类已经进入后工业时代，服务业在整个经济中所占的比重越来越大，金融泡沫影响的主要是实体经济，而服务业在现代经济中占的比重越来越高，所以金融泡沫的破裂对整体经济的影响并不会太大，比如世界主要大国发生过多次股市崩盘，对整体经济都没有太大影响，受损失的只是部分股民。

2008年爆发的全球经济危机并不是传统意义上的生产过剩型经济危机，因为在经济危机爆发时并没有明显的生产过剩，也没有大量的实体企业破产。这次经济危机也不是传统意义上的金融泡沫危机，因为经济危机爆发的市场主要是在金融衍生品市场，属于债券市场，而非股票市场，当时也并没有出现股市大幅暴跌。2008年全球经济危机的核心本质是政府债务型经济危机。政府债务型经济危机不一定是以政府债务崩盘的形式出现，也可能以其他形式出现，但其根源最终都会追溯到政府债务问题。

根据笔者的总结，19世纪的经济危机主要是生产过剩型经济危机，20世纪的经济危机主要是金融泡沫型经济危机，而21世纪的经济危机则主要是政府债务型经济危机。

政府债务型经济危机是比较"年轻"的经济危机，以前出现过类似情况，但主要发生在发展中国家，主要由于发展中国家过度借外债所致，而本次经济危机主要发生在发达国家，而且主要是国家内部债务导致，两者有着本质的区别。

当前，人们对政府债务型经济危机还缺乏认识，宏观经济学界几个主流的经济学学派也鲜有这方面的研究。面对政府债务，大多数国家的政府还是"讳疾忌医"，采取的也大多是"鸵鸟政策"，欧美国家动辄实行的量化宽松政策，不仅不会降低其政府债务，反而会让政府债务大幅提高。因为量化宽松的货币都是以政府债务的形式投放到市场的，用量化宽松货币政策治理债务危机是南辕北辙。

笔者认为人类要真正摆脱"政府债务型经济危机"的威胁，就必须先正视与解决政府债务问题，特别是应该解决"税收不足"的问题。"税收不足"是政府债务型经济危机的根源。政府债务是"表",税收不足才是"里";政府债务只是"症",税收改革滞后才是"病"。这也是笔者一直将财税问题与政府债务问题放在一起研究的原因,也是笔者提出"新财税主义宏观经济学"的原因所在。

凯恩斯、弗里德曼经济思想与笔者的区别

在历史上,凯恩斯和弗里德曼两人都是因为提出了解决经济危机的主张,而成为伟大的经济学家,并分别在20世纪的上下半叶大放异彩。面对经济危机,凯恩斯主张用"财政投资"的方法,弗里德曼主张用"货币宽松"的方法,人们总是喜欢将两人看作是立场截然相反的学者。但是根据笔者的分析,两人应该是互补的,他们的分歧在于他们对经济危机的定性不同。凯恩斯更多的是将经济危机看成是生产型的经济危机,因此他认为经济危机的根源是"需求不足";而弗里德曼更多是将经济危机看成是金融型的经济危机,他认为经济危机的根源是"货币不足"。

生产型经济危机的主要表现就是生产下降，凯恩斯主张的政府投资可以迅速扩大整个社会的生产总规模，从而让经济很快恢复，因此对生产型经济危机是有效的。金融泡沫型经济危机的主要表现是股市的崩盘，弗里德曼主张的货币宽松最容易进入的就是资本市场，因此弗里德曼主张货币宽松解决金融泡沫型经济危机也是有效的。也就是说，当我们遇到生产型经济危机时还可以用凯恩斯主义的方法解决，当遇到金融泡沫型经济危机时还可以用弗里德曼的方法解决。

但当前看，他们这两种对经济危机的分析都已经不适合。笔者前面已经分析过，人类目前已经不再面临生产型经济危机与金融泡沫型经济危机的威胁，而且以上两种危机都是市场型经济危机，都容易解决。而政府债务型经济危机则不同，政府债务型经济危机的原因在政府，其根源是"税收不足"，就必须靠新财税主义宏观经济学来解决了。

从历史发展来看，当凯恩斯找出解决生产型经济危机的方案时，生产型经济危机已经进入历史；当弗里德曼想出解决金融泡沫型经济危机的方案时，金融泡沫型经济危机也已经进入历史。

前两位学者都是在某种经济危机即将进入历史的时候才提出了他们的解决方案。

而现在全球面临的政府债务型经济危机才刚刚开始,我们提出的新财税主义宏观经济学就是要超越凯恩斯和弗里德曼的研究,为人类提出一条全新的经济危机分析框架与解决方案。

第二章

"政府债务型经济危机"的特征与直接原因

根据研究，笔者将政府债务型经济危机总结为以下几个特点：

1.政府债务型经济危机并非周期性经济危机

周期性经济危机是指由周期性因素导致的经济危机，我们以前经常遇到的生产型经济危机和金融型经济危机都是周期性经济危机，周期性经济危机的特点是，即使不对这些危机做任何处理，市场也可以自动解决，就像流感通常发生在冬天，到了夏天很容易就会消失一样。

比如，生产过剩型经济危机等新一轮技术创新来临时，经济就会走出危机。金融泡沫型经济危机只要有一轮新的题材炒作，并吸引新的投资者入场，金融市场就会自动走出危机。但是政府债务型经济危机却是没有周期的，也不是由自然的周期性因素导致的，我们也不能像期待周期性经济危机一样期望市场自愈，政府在解决经济危机方面必须有所作为。

2.政府债务型经济危机并非市场型经济危机，而是政府型经济危机

以前的经济危机大部分是市场型的经济危机，我们很少见到政府型的经济危机。市场型经济危机的根源在市场，而政府型危机的根源在政府。政府债务型经济危机的根源在于政府的财税体制已经不适应社会发展，从而出现经济危机，政府债务型经济危机必须通过政府财税改革才可以解决。如果不谈财税改革，而只是希望通过其他方法，比如市场化改革或鼓励企业家精神来走出危机都是不可能的。政府得病，必须是政府吃药，不能让市场吃药。

要想走出政府债务型经济危机，就必须改革政府的财税体制，政府债务型经济危机比市场型经济危机要难解决得多，必须有雄才伟略的改革家才可以带领国家走出危机。因此，面对全世界的政府债务危机，世界也在呼唤伟大的改革家出现。

3.政府债务型经济危机不是急性危机，而是慢性危机。政府债务型经济危机具备"慢性病"的常见特征，比较难治愈，也不会随时间的推移而自动变轻，而是会越来越严重。

笔者曾将政府债务比喻为桌子上的灰尘，如果不打扫，只会越积越厚。当下，世界各国的政府债务就像灰尘一样越积越厚。

现代经济必然爆发政府债务型经济危机的四大根本原因

1.经济分工的扩大必然会导致政府分工的扩大，从而导致政府出现更多的部门

经济发展的一个重要标志就是市场分工的扩大，而"市场分

工"的扩大也必然需要更多的"政府分工"与之相对应，就需要政府成立越来越多的部门。如工业化的出现导致政府工业管理部门的出现，城市化的出现会导致政府公共交通部门的出现，信息化的出现会导致政府信息管理与信息保护部门的出现，总之，随着经济分工的扩大，政府分工也变得越来越复杂。

2. 私人产品的丰富也会对政府公共产品提出更多需求

我们每天生活所需要的产品分为私人产品和公共产品两大类，很多私人产品需要政府的公共产品配套才能使用。私人产品越多，需要的公共产品就越多。如汽车是私人产品，道路是公共产品，汽车的增加会直接导致对公共道路需求的增加。如今，人们对公共产品的依赖要远远超过对私人产品的依赖，而公共产品的提供者主要是政府。人们对公共产品的依赖程度越来越高，这就需要政府的财政支出越来越大。而且人们对公共产品的品质要求也越来越高，如城市的清洁、绿化等。

3.社会越发达，社会风险越多，就需要政府提供更多的保护

现代社会是风险社会，人类时刻面临着各种风险，如人身安全、资金安全、食品安全、环境安全、信息安全、交通安全、失业等各种风险，而且社会发达程度越高，整个社会面临的风险越多。如果没有政府的保护，人们可能会被出现的巨大风险所吞噬。在不确定的风险环境下，只有政府为人们提供足够的风险保护才行，这也需要民众以税收的形式向政府缴纳一定的费用，这样社会才能运转。

4.社会越发展，贫富差距越大，越需要政府采取更多的措施维护平等

社会不断发展，社会不同个体之间的财富差距也越来越大，有能力的个体越容易攫取到更多的社会财富，同时，现代社会也是竞争型的社会，人们时时刻刻会面临竞争失败的风险，这也需要政府有一定的支出维护社会平等，如公共教

育、公共医疗、失业保障、社会救济等，这些都是对社会不平等的一种弥补。

由于以上四条规律的存在，政府在社会中发挥的作用会越来越大，政府支出也会越来越大，但这种支出是必要的。

第三章

"税收不足常态化"与"公共产品市场非均衡"理论

根据上面的分析，我们知道，随着国家不断发展，财政的扩张是必然的。而政府税收往往是不容易变动的，因为税率是相对固定的，所以税收是刚性的。这样政府就面临着一边是不断增加的财政支出，一边是固定不变的税收，两者之间的缺口就会越来越大，而且税收改革永远是滞后的，因此"税收不足"一般会成为一个国家的常态，我们将之称为"税收不足"理论。"税收不足"是政府债务型经济危机爆发的根本原因。政府债务型经济危机从本质上说是由"税收周期"导致的，只是这种"税收周期"更多是受到人的影响与控制。

"瓦格纳缺口"与"税收刚性"

德国历史学派经济学家瓦格纳最早在实证分析的基础上发现了"政府财政支出会以比国民收入更大比例增长"的现象。瓦格纳的这一发现在经济学上被称为"瓦格纳法则"，又称为政府活动扩张法则。在本文中，笔者将政府支出与财税收入之间的缺口，称为"瓦格纳缺口"。"瓦格纳缺口"是经济发展中必然出现的现象，"瓦格纳缺口"的存在也是世界各国不知不觉就掉入"政府债务陷阱"的根本原因。瓦格纳是经济学历史上一位值得铭记的、改变过人类命运的经济学家，他创立了财政学这一学科。德国俾斯麦利用他提出的社会保险理论创造了人类历史上最早的社会保障制度。

但瓦格纳也有缺陷，他注重财政，但不注重税收，他虽然发现了政府支出快速增长的现象，但是他提出的解决方案是政府发行赤字，而不是通过财税改革解决，他也没有发现"瓦格纳缺口"与"税收刚性"的巨大冲突。税收刚性受相对固定的税率制约，因此税收在国民收入中的比重难以提高，甚至还可能因税基的变化导致税收占国民收入的比重下降，出现"税收漏出"，因此财政赤字根本无法解决"瓦格纳缺口"的本质问题。当赤字增加到无法再增加时，政府就必须启动财税改革，增加税收。但财税改革又涉及法律问题、政治问题，很难改革，所以"税收不足常态化"是世界各国都面临的无奈现实。

"税收不足常态化"是指一个国家只要存在经济发展，就会存在"税收不足"的问题，越是经济增长快的国家，"税收不足"表现得越明显，而且越容易爆发债务危机。这也是为什么政府债务型经济危机最容易爆发在发展迅速的发展中国家的原因。

中国在20世纪90年代经济飞速发展时，也产生了严重的财政问题。20世纪80年代末90年代初，甚至发生过2次中央财政向地方财政"借钱"的事，当时是通过"分税制"改革度过的。此后，房地产行业兴起，地方政府有了"卖地"收入，这才让政府的"税收不足"问题长时间被掩盖了起来。

凯恩斯学派财税理论的缺陷

在宏观经济学界,凯恩斯学派主张的政府投资也很容易导致政府负债,因为凯恩斯学派的财政思想本质是经济学家勒纳提出的"功能财政",也就是财政收支不拘泥于"财政平衡",而是要更多地考虑宏观经济调节,对于因此导致的"财政赤字",哈佛大学经济学家汉森提出了"财政补偿"理论,主张用经济繁荣时的财政盈余去补偿经济萧条时的财政赤字,但这个理论在现实中几乎没有成功过,因为美国即使在经济繁荣时也很少有财政盈余。另外,在经济周期的四个阶段中,繁荣期很短,这时即使有盈余,也很难弥补其他阶段的赤字。因此,凯恩斯主义实行的结果是"短期的财政赤字"变成了"长期的政府债务"。总之,凯恩斯学派的财政思想只是满足于"经济周期调节"的需要,远远没有瓦格纳那样高屋建瓴。

公共产品与私人产品"匹配"理论

"税收不足"会造成社会的"公共贫困",美国哈佛大学经济学家加尔布雷斯在其代表作《丰裕社会》中曾经提出过"公共贫困"的概念,但是他并没有揭示"公共贫困"背后的原因,其实私人财富的日益增长本身就是"公共贫困"的根源。

"公共贫困"主要表现为公共产品供给不足。在正常经济条件下,私人产品与公共产品之间是有一个固定"匹配"比例的,两者在经济学上属于互补品。公共产品与私人产品配比合理的才可以社会和谐,比如我们有多少私人汽车,就需要多少公路;有多少城市人口,就需要多少城市清洁人员,一旦公共产品与私人产品配比不合理,就会出现经济社会系统的紊乱,这种经济社会系统的紊乱可以表现为交通拥挤、环境脏乱、贫富差距过大、社会风险增加等问题。这种社会紊乱达到一定程度就会导致经济危机。经济危机某种程度上是公共产品与私人产品比例失调的结果,历史上的经济危机无论是什么类型,最终都是通过不断地完善社会保障和社会福利解决的，而社会保障和社会福利就是一种公共产品。

因为私人产品是随着经济发展不断丰富的，所以公共产品必须去主动调整自己的供给以匹配私人产品的增长，这样公共产品和私人产品才可以同步增长，社会才和谐，不然公共产品与私人产品的供给缺口会越来越大。但这只是理想情况，公共产品受到"税收刚性"制约根本不可能随意增加，也做不到与私人产品的及时匹配，所以经济危机就诞生了。

"公共产品市场非均衡"理论

目前，在宏观经济学中处于主流地位的是美国"新古典宏观经济学派"提出的"真实经济周期理论"，他们强调"技术冲击"后市场自动恢复均衡的观点笔者是反对的。首先，市场上的产品是由私人产品和公共产品两部分组成的，价格调节与市场均衡只能发生在私人产品部分，这对公共产品是无效的。公共产品的供给受政府预算影响，短期可以用赤字调节，但长期看，受到税收制约，而税收是刚性的，所以公共产品市场是很难均衡的。因此，真实经济周期理论中强调的市场均衡只能是私人产品市场的均衡，而不是包括公共产品在内的整个市场的均衡。公共产品的均衡是无法通过自由市场实现的，而公共产品的不均衡也是导致经济危机的根本因素之一。因此，完全意义上的市场自动均衡在现实中是无法实现的。

其次，"真实经济周期理论"强调的"技术冲击"导致的也不仅是均衡的移动，仍然是从均衡到不均衡的改变。因为技术进步首先会导致私人产品供给的增加，但私人产品与公共产品必须数量匹配，私人产品供给的增加也会对公共产品提出更大的需求，但公共产品的供给因为税收刚性制约而不能增加，这就导致了公共产品的供需失衡，因此，技术冲击导致的仍然是不均衡的出现，主要表现为公共产品市场的不均衡。

新财税主义宏观经济学与真实经济周期理论的共同点是都强调"技术进步"的影响，不同的是，"真实经济周期"理论只片面地看到了私人产品在技术进步后会自动移动到另一个均衡点，而新财税主义宏观经济学则指出了技术冲击会导致这种不均衡更加突出，公共产品市场的均衡点是无法自己移动的，需要人为地移动才行。因此，市场经济仍然需要政府干预，这种干预主要表现为财税改革。人类每发生一次技术革命都需要一次财税改革与之配套，新财税主义宏观经济学指出了真实经济周期理论的致命缺陷，比真实经济周期理论的分析更接近现实，更能解决现实问题。而且，即使在私人产品领域，技术进步在导致均衡点移动的过程中，也并不能排除会出现短期的生产过剩，因此新旧均衡点在移动磨合的过程中就会出现经济危机。

因此，美国新古典宏观经济学构建的真实经济周期理论是禁不住推敲的，是有漏洞的，在新财税主义宏观经济学面前也是不堪一击的。

第四章

产业升级与财税升级的关系

——兼谈"子虚补其母"的经济增长理论

新财税主义宏观经济学将经济发展简化为两个升级，分别是产业升级和财税升级。其中，产业升级对应的是私人产品的提升，财税升级对应的是公共产品的提升。人们只关注产业升级，而很少关注财税升级，但这两个升级必须同步。产业升级是由市场完成的，但财税升级必须由政府完成。只有两者同时完成，才可以实现私人产品与公共产品的合理配比。

新财税主义宏观经济学指出，税收会随着经济发展不断增长，那是不是无止境呢？笔者认为不会。因为经济增长也是有极限的。现在，人类还没有达到经济增长极限，所以一直在增长，但未来不会。当经济增长停止的时候，税收的增长也会停止。也就是说，经济不会一直增长，税收也不会一直增长，最终会停留在一个点上。当然，人类目前距离这个增长的极限还比较远。

经济发展一方面是靠新产品的出现，另一方面是靠现有产品的更新换代。以后，新产品会出现得越来越少，更多是现有产品的更新换代为主。这会导致社会的发展进步，但并不一定带来经济规模的增长。比如，现在很多电子智能产品都是对原有产品的升级换代，全新产品的出现越来越难了。

经济结构"双升级"与"中等收入国家陷阱"的由来

新财税主义宏观经济学认为，经济发展是一个"双升级"的过程。两者应该同步升级。但两者同步只是理想状态，现实往往是产业升级在先，财税升级在后。因为财税不那么容易调整，但没有财税结构的升级，产业结构的升级也会受到阻碍。

产业结构升级和财税结构升级两者是相互关联的。产业升级往往是"功夫在诗外"，需要很强的外部条件。一个国家的产业结构要想升级，就需要高等教育的普及、科技支出的加大、基础设施的完善、社会保障系统的建设等，这些都是经济增长的必要基础。如果没有这些做基础，国家的发展就会停滞。这些都需要国家有很强大的财政投入才可以，需要同步进行财税升级才行。如果政府没有及时进行财税升级，产业结构的升级也会戛然而止。因此，如果没有财税升级配套，产业升级也会受到拖累。

很多发展中国家之所以陷入"中等收入国家陷阱"，就是因为只进行了产业结构的升级，没有进行财税结构的升级，结果产业结构升级也无法独善其身，最终经济陷入了停滞。

我们可以将发展中国家分为两类：一类是初级发展中国家，如非洲国家以及东南亚的越南、柬埔寨，它们目前以产业结构升级为主。这些国家只要找到几个比较优势产业，大力发展，就可以实现快速致富；另一类则是印度、拉美等国家，它们处于中等收入水平，其产业基础已经较好，如泰国的汽车制造、巴西的飞机制造、印度的软件和制药产业都非常发达。这些国家曾经也是发展中国家的典范，但是发展一段时间后财税没有升级，导致科研投入无法增加，高等教育无法普及，社会福利保障不能建立，基础设施不够完善，这些国家的产业难以再高速发展了，于是就掉入了所谓的"中等收入国家陷阱"。林毅夫教授的"新结构经济学"对第一类国家非常有用，但对第二类国家则作用不明显。因为第二类国家急需的是"财税升级"，而不仅仅是"产业动态升级"那么简单。一个国家完整的经济升级是由"产业升级"和"财税升级"两个升级组成的，笔者的"新财税主义宏观经济学"与林毅夫教授的"新结构经济学"合在一起，则可以帮助一个国家完成完整的经济升级。其中，"新结构经济学"可以帮助政府进行"产业升级"，而"新财税主义宏观经济学"可以帮助政府进行"财税升级"及"社会升级"。

产业升级的"子虚补其母"理论

中医理论中有"子虚补其母"的理论，其实，产业升级和财税升级也是这样的"子母"关系。其中,产业升级是"子",财税升级是"母"。一个国家的产业升级也是在其社会母体中孕育出来的。正如我们上面分析的那样:一个国家产业发展必须先拥有足够多的知识人群、发达的科研能力、完善的基础设施、充分的社会保障才行,这些就是产业发展的母体。只有母体足够强大,才能孕育出发达的产业。如果母体不够强大,其产业发展也必然是孱弱的。

因此,我们在发展产业的同时,还必须同步壮大其社会母体。产业发展为社会母体发展提供充足的税收,社会母体发展又为产业发展提供了较好的基础条件,这才是良性互动,也是产业升级与财税升级之间的辩证关系。

因此,当一个国家产业发展停滞的时候,我们不仅要扶持产业,更要改善经济发展的社会母体。我们要看这个国家是不是有足够的接受过高等教育的人群,是否有强大的科研能力,是否拥有完善的基础设施,民众是否有足够的社会保障,这些基础具备,产业自然就会孕育得非常好。如果这些不具备,产业发展就会受限。例如,印度不具备这些条件,只能发展软件外包产业,泰国也能引入丰田汽车等外来产业，但其本土创新却很难发展起来，国家发展最终受限。

如果没有产业孕育的社会母体做基础，即使出台产业扶持政策，效果也是有限的。"子能令母实，母能令子虚，虚则补其母"，这些中医理论是完全可以用来指导经济发展的。

经济学中存在着非常多的经典比喻，其中最著名的当属亚当·斯密提出的"看不见的手"，另外，凯恩斯还提出了"挖坑－填坑"的比喻，弗里德曼提出了"直升机撒钱"的比喻，奥地利学派借用了"守夜人政府"的比喻，"子虚补其母"虽然是我从中医领域借用过来的比喻，但最能反映新财税主义宏观经济学的本质。

"华盛顿共识"为何无法帮助发展中国家？

新财税主义宏观经济学认为一个国家经济发展的过程也是税收占GDP比例不断升高的过程。如果政府的财政收入没有随着经济发展而提高，必然会出现财政缺口，最终爆发债务危机，很多发展中国家的发展就是按这种路径演变的。中等收入国家掉入发展陷阱之前，一般都会爆发一次政府债务危机，这几乎是世界上大部分发展中国家的"宿命"。当这些发展中国家出现政府债务危机后，世界银行和国际货币基金组织就会介入，他们往往用"华盛顿共识"中的一些理念帮助这些国家进行改革。华盛顿共识是20世纪70年代后发展起来的，以当时最时髦的新自由主义经济学为蓝本提出的一套经济改革方案。当时，很多本来发展势头良好的发展中国家无奈成为这一所谓"共识"的牺牲品，良好的发展前途被无情葬送。多年来，尽管有太多的发展中国家陷入这样的发展怪圈，但理论界却从未对这一问题给出一个很好的解释，那些宣扬新自由主义经济学的经济学家仍然享受着殿堂般的崇拜，却从没有悔意与歉意。

根据笔者新财税主义宏观经济学的观点：当一个国家爆发政府债务危机的时候，应该帮助这些国家进行财税改革，提高政府财政收入，增强其产业发展的基础，从而解决危机。而"华盛顿共识"做的则是相反的工作，不是帮助政府增加财政收入，而是通过市场化、私有化削减政府职能，削减政府公共产品的供给，而他们削减的正是这些国家经济维持高速发展所必要的基础。而一旦这些基础被削减，经济发展、产业升级的条件就被进一步削弱，经济自然会陷入停滞，甚至国家都会陷入混乱，因此用"华盛顿共识"来解决政府债务危机必然会让这些国家陷入更大的危机。

阿根廷就是典型案例。阿根廷进行铁路私有化之后，铁路里程由接近5万公里，缩减到了1万多公里，社保市场化之后，参保人数也大幅降低，国家陷入经济停滞是必然的。

客观来说，西方国家也不具备帮助这些国家进行财税改革的理论素养，因为他们之前没有面临这样的问题，他们的财税改革是在偶然情况下完成的，并不是学术推动的。另外，由于这些发展中国家的债权方大多是欧美国家的银行机构，因此他们优先保障的是这些机构的利益，并非更多地考虑这些国家的前途。

如果我们把产业升级和财税升级比喻为组成一个木桶的两块木板的话，"华盛顿共识"的改革方案不是帮助这些发展中国家去补齐"财税升级"这块短板,而是用其"小政府"理念去继续截短这块短板,结果是本来已经很短的短板被截得更短,经济不仅不能恢复发展,反而走向了倒退。

第五章

政府债务型经济危机对经济的直接危害

政府债务型经济危机对经济增长的五大危害：

1. 政府发生债务危机首先会导致政府投资的下降

出现债务危机后，政府在基础设施方面的投资必然会被削减。2008年全球经济危机后，美国奥巴马政府制定了诸如"高铁计划"等基础设施改善方案，但最终因为财政问题，无法施行。

同样，特朗普上台后也出台了四万亿美元的基础设施改善计划，也被搁浅。近年来，中国也日益面临着地方政府债务问题。政府投资下降不仅影响到经济增长，也会因为基础设施投资不足或基础设施老化而影响整个经济的正常运转。

2.政府投资下降必然会带动民间投资倍数下降

政府投资一般会通过带动效应和乘数效应对民间投资产生推动作用，许多政府工程都是通过民间承包商来完成的，当政府投资下降时，也会直接带动这些民间投资的下降。

政府修一条高速公路，公路两旁就会出现成片的工业区；政府修一条地铁，地铁站附近就会建成成片的居民小区或写字楼；政府修一条高铁，每个高铁站附近都会出现一座新城；政府修建一条旅游公路，沿途就会出现遍地的民宿……这些由高速公路、地铁、高铁、旅游公路所衍生出来的经济效益往往是这些基础设施投资金额的数倍。如果政府因财政危机而出现投资下降的话，这些民间投资也将随之出现倍数级的下降。中国传统基础设施方面已经基本完善，但在旅游基础设施方面还有很大增长空间，比如不少大旅游景区都没有高速公路相连。

3.政府债务危机会影响基础科研投入

政府债务型经济危机还会导致政府对科技投资的降低以及对新兴产业扶持的减少，这也会损害一个国家的长期竞争力，导致国家经济越来越落后。

4.政府债务利息也会衍生出巨大的债务

债务压不垮政府，利息才会。不管任何形式的债务都是有利息的，债务利息会进一步加重政府债务，而且政府债务和利息是复利式增长，非常可怕。最后的结果就是，政府收入的很大一部分都用来还利息，最终必然导致政府财政的崩盘或国家破产。目前，美国债务利息已经超过美国用于教育、交通、能源和国防之外的所有其他可支配项目开支的总和。中国每年的债务利息支出也已经超过了科技支出，这些都将继续侵蚀经济增长的基础。世界各国大部分的新增债务都是源于利息带来的新增债务。

5.政府债务会通过资本市场影响整个国家

政府债务主要是通过金融市场筹集，一旦政府债务危机爆发，整个金融市场都会受到影响，并且可以通过金融市场波及所有行业。所以，政府债务危机从来不是政府自己的事情，而是整个国家的系统性风险。覆巢之下安有完卵！

政府债务型经济危机在民生方面的三大危害：

政府债务危机不仅会危害国家经济增长，还会对民生带来直接危害，其影响主要体现在以下几个方面：

1.退休年龄被推迟

近年来，不少国家都在推迟退休年龄，其中最根本的原因就是政府面临的债务危机。目前发达国家退休年龄普遍高于65岁，美国是67岁，德国未来10年将推迟到69岁，冰岛男性的退休年龄是70岁，澳大利亚也将从65岁逐渐推迟到70岁，欧盟甚至建议所有成员国将退休年龄推迟到70岁。世界各国难以解决政府财政危机，只能拿退休年龄做文章。

2.中产阶层社会解体

20世纪80年代以来，中产阶层社会解体成为世界级现象，发达国家之所以建设成了中产阶层社会，关键是其社会保障和社会福利制度在托底，随着各国减税政策的出台，社会保障和社会福利制度也将陆续受到影响，中产阶层社会也随之垮塌。

3.政府债务向民间债务转移

政府债务堆积到一定程度之后，必然会想出各种脱身之策，政府往往会以市场化的形式将债务向民间转移。例如，当美国小布什政府削减政府保障房项目之后，鼓励穷人贷款买房就是明显地将政府债务向民间转移。政府削减教育支出后，学生也需要靠贷款来完成自己的学业。

第六章

"政府债务-经济创新"传导理论

"政府债务-央行利率"螺旋理论

除了发行赤字、削减福利、推迟退休等常规手段外，各国政府拖延债务危机往往还会采取另一个不为人所注意的办法——零利率货币政策。

政府高债务与央行零利率天生是一对孪生兄弟。政府出现债务危机后，必然会走向"零利率"货币政策。这是因为，当政府债务高到一定程度时，央行就几乎不能加息，一旦加息，政府债务利息支出就会暴增，政府财政就会崩盘，但政府不能破产，必然会想办法拖延债务，零利率是必然的方法。实行零利率政策后，政府就可以付出更低的利息，债务就可以拖得时间更长。

政府借债与民间借贷最大的区别是，政府可以制定利率，而民间不能，所以发生政府债务危机的国家必然会通过零利率来拖延债务危机，日本就是典型。日本是世界上政府债务最高的国家，也是世界上最早实行零利率政策的国家。 我们将这种因为政府高债务而被迫长期实行低利率或零利率的现象称为"债务－利率锁定"。这种利率锁定在日本已经发生了很多年，在美国也已经开始。在美国，特朗普在任时一直向美联储施压降息。一个国家一旦发生了债务利率锁定，就很麻烦，如果没有政府债务的降低，这种锁定没法解除。但是政府债务是很难降低的，因此利率锁定也很难解除，唯一的办法就是提前控制政府债务不要发展到"利率锁定"这一步。

央行利率的"政府债务压制"

政府债务是央行利率的天花板。一个国家的央行实行什么样的货币利率并不是完全自由的，而是由其政府债务决定的。一个国家的货币利率必须在其政府债务所能承受的范围之内。一个国家政府的负债越低，这个国家央行的利率政策越自由；一个国家政府的债务水平越高，这个国家央行的货币政策就越不自由。这种不自由表现在央行只能实行低利率，不能实行高利率。随着政府负债的扩大，政府可以承受的利率会越来越低。当政府负债大到一定程度时，政府就必须实行零利率。因此说"政府债务是央行利率的天花板"。政府债务会对央行的货币利率形成实质性的"债务压制"。

央行独立不可能原理与货币政策悖论

央行虽然有一定独立性，但央行只有制定货币政策的权力，而没有控制政府债务规模的权力，但政府债务对央行的货币政策形成压制，而且央行必须被动接受这种来自政府债务的压制。央行的职责是稳定经济，如果发生政府债务崩盘，经济将会陷入极大的危机，这也是央行不愿意看到的。一些国家的央行虽然表面上拥有货币政策的自由裁量权，但最终都会"顾全大局"向政府财政部门妥协，因此，从根本上说，央行并不能完全独立，其货币政策也并不完全自由。美国特朗普政府就曾多次向美联储施压，即使没有政府施压，央行为了避免政府债务破产也必须降低利率，但低利率又会助长政府债务，最终走向恶性循环。

"政府高债务－央行低利率"陷阱

"政府高债务－央行低利率"陷阱是指西方国家普遍面临着政府高负债和央行低利率的情形，这两种现象相伴而生，相互影响，相互增强。其中，量化宽松助长了政府债务的增加，因为政府会趁着极低的利率多借债，而这些政府债务又反过来压制了央行利率，导致央行不能轻易提高利率，否则就会有财政崩盘的风险。因此，"政府高债务－央行低利率"陷阱一般是单向运动的，会朝着政府债务越来越大，央行利率越来越低的方向发展，短期内难以走出去。因为要走出这种困境，需要政府主动缩减债务，这是很难的，而央行通过提高利率迫使政府缩减债务同样也非常困难，最后的结果就是央行利率被政府债务锁定，既央行利率长期被锁定在零利率边缘。"政府高债务－央行低利率"陷阱已经成为实行量化宽松的国家必然面对的一个经济"死结"，"量化宽松"货币政策助推了"政府高债务－央行低利率"陷阱的出现。

市场经济是存在一个货币"自然利率"的，"政府高债务－央行低利率"陷阱会将市场利率长期置于自然利率之下，导致自然利率与市场利率的长期偏离，将金融市场的"利率扭曲"长期化。

政府债务危机不可行的解决方法：印刷货币

解决政府债务危机，很多人会想到"印刷货币"的方法，经济学上称之为用通货膨胀来稀释债务或是"债务的货币化"，这种方法看似可行，其实非常不可行。

首先，货币发行属于央行的职能，财政资金由财政部管理。一个国家的财政支出严格以财政收入为界，央行发行的货币根本无法直接用于国家财政，两者完全是隔离的体系，用央行发行的货币来补充政府财政在中国也是违法的行为。

其次，当前世界各国政府债务规模远远超过了人们对通货膨胀的忍受程度，用通货膨胀稀释债务的前提是不能引发恶性通货膨胀，人们对通货膨胀的忍受程度一般不超过5%，也就是说，人们只可以通过通货膨胀稀释不超过基础货币总量5%的债务，超过后就可能导致整个经济体系的崩溃。

零利率政策会导致信贷类金融业的衰落与崩溃

政府债务会诱发系统性经济风险主要是通过央行利率传导的，也就是说，政府债务的危害会首先传导到央行利率，其次再由央行利率传导到整个金融系统。当然，政府高债务对央行利率的危害，主要体现为低利率，而不是高利率。

央行零利率或低利率会导致金融行业的崩溃。金融资金本身就是有价格的，人为降低资金的价格，将使资金拥有者的收益下降。尽管利率很低，但真正投放到市场上的货币却很少，原因如下：

第一，资本服务实体经济的积极性是与其获取的收益成正比的，资本没有利润不会主动走向市场，在零利率政策环境下，金融机构可以获取的收益非常有限，因此，他们没有生存空间，也没有去做业务的积极性。

第二，投资存在风险，如果资本的收益不能覆盖风险，资本就不会服务实体经济。在零利率环境下，资本的收益不能覆盖风险，导致资本失去冒险本性，很多高风险的项目就得不到资金的支持。

第三，募集资金困难。金融机构本身并没有资金，它们的资金主要来自于募集，最终来源是普通民众。如果金融机构不能给出足够的理财利息，民众就不会将自己的资金交给金融机构去管理，因此，在零利率的货币政策环境下，金融机构其实是非常难募集到资金的。

基于以上原因，在零利率国家，银行都是盈利很低，甚至亏损的，大部分金融行业都是萎缩的。因此，零利率就意味着信贷类金融业的死亡。这种现象也可以称为利率政策与金融机构的激励不相容。

从本质上讲，零利率或量化宽松是由货币学派提出的违背金融市场规律的经济理论，因为货币必须经过金融中介机构才可以进入资本市场，如果不能给金融机构留足利润空间，即使货币宽松，实体经济也很难得到资金补给，多次经济危机就是证明，量化宽松的货币大部分进入了股票市场，形成股市泡沫。

量化宽松出来的资金除了形成股市泡沫外，还会导致资本的外流。资本是逐利的，当资本在本国无法获得合理利润的时候，必然会外流到利润更高的国家寻求更高的收益。日本实行零利率时也发生过大规模的资本外流，欧美国家实行零利率后也出现了资本外流，相反，实行高利率的市场上则充斥着来自世界各国的便宜资本。

美国实行量化宽松时，不少新兴市场国家出现了经济增长最快和通胀最严重的情况，这主要拜美国的资本外流所赐。

信贷类金融行业衰落会向经济创新传导

创新是需要金融资本支持的。在零利率下，社会整体投资氛围不浓厚，创投企业很难募集到资本，因为创投机构的资金很多来源于其他金融机构，也需要一定的收益率做基础。零利率下，人们更倾向于将资金用于消费，而不是储蓄和投资理财。

因此，实行零利率的国家一般都不会再出现大规模经济创新，零利率也就意味着创新的死亡。日本是世界上最早实行零利率政策的国家，所以日本的创新在互联网时代开始逐渐落后，美国是2008年经济危机之后才开始实行零利率政策，所以在移动互联网时代，美国的创新也是有所不足的。而实行高利率政策时期的中国则到处弥漫着创新、创业的氛围，因为有大量的金融资本支持这些创新活动。中国每年股权投资机构募集到的资本曾经远远超过了美国。但随着美国量化宽松的退出，美国的利率重新上行，才开始了对中国创新的反超，当前，从股权投资规模和独角兽企业数量两个指标看，中国又被美国反超，这也证明了笔者理论的正确性。

经济增长主要靠创新，零利率让创新失去了资本的支持，也就毁掉了一个国家的经济前途。而一个国家能取得多大的创新，并不完全取决于这个国家有多少的专利技术，有多少的高级人才，更取决于这个国家可以募集到多少资金用于创新，这才是根本因素。中国能够在科技创新方面一度领先美国，关键就是在创新领域的资金募集能力超越了美国。

总结"政府债务－央行利率－金融投资－经济创新"传导机制

首先，政府债务与央行利率之间存在螺旋关系，央行低利率会助长政府债务，政府债务也会反过来压制央行利率，政府债务越高，央行利率越低。政府高债务最终会将国家逼上零利率的道路，零利率首先摧毁的是信贷类金融机构的投融资业务。在零利率环境下，金融的崩溃是从民众投资和金融机构募资两个方面同时崩溃的。在零利率环境下，民众不愿意储蓄与投资，而是倾向于消费和借贷，金融机构的资金又主要来源于民众的储蓄或理财，金融机构普遍缺乏资金；其次，在零利率环境下，金融机构也没有足够的利润空间作为激励，金融机构普遍不愿意从事投融资业务，较低的利润空间也会使金融机构没有足够的利润去覆盖业务风险，这两方面的因素合到一起就会导致金融系统的崩溃。

一个国家的创新主要靠金融资本的支持，特别是股权资本的支持，零利率下，民众不愿意投资理财，创新资本会出现募集困难，导致一个国家的经济创新最终会因为缺乏创新资本的支持而陷入衰落。也就是说，一个国家的高政府债务首先会传导到央行的货币政策，央行的货币政策又会影响到金融机构，再从金融机构传导到创新领域，最终摧毁一个国家。"政府债务－央行利率－金融投资－经济创新"传导机制理论，也可以称为"债务－创新"传导理论，可以让我们从更深层次了解到政府债务危机的危害。政府债务危机可以威胁到一个国家的根本前途。

零利率会导致储蓄率的崩溃和民众过度消费

民众也有大量的借贷需求,当利率低到一定程度时,民众更倾向于借贷消费,而非储蓄和投资。银行也愿意给民众放贷,因为在信用完善的国家,有固定收入的民众违约率还是低于企业的。而银行的收益不足以覆盖企业贷款的风险时,也只能更多地给个人贷款。实行量化宽松的国家都出现了储蓄下降的情况。因此,利率是根指挥棒,高利率则可以把社会资金指挥到投资领域,低利率或零利率则更能把资金指挥到消费领域,而经济增长最终还是需要靠创新和投资的,消费最终不是经济增长的动力,因此,零利率是可以毁掉一个国家的。

我们一直反对政府高债务,是因为高债务不仅仅是政府的事情,而且必然会影响到经济的其他领域,因为经济是一个系统,其影响必然是"牵一发而动全身"。综合上面的分析,我们就会发现,政府债务高的国家往往会出现"政府低投资、民众低福利、银行低储蓄、货币低利率、企业低创新、经济低增长"等宏观经济特征。日本是债务最高的国家，因此这些特征在日本最先出现，表现得也最明显。

全球债务危机将使世界经济"日本化"成为必然，人类如果不进行一轮彻底的财税改革，世界债务型经济危机将会长期化。例如，日本经济所经历的"政府债务性萧条"的所有经济特征最终都将出现在其他实行低利率的国家里。

下篇

"新财税主义宏观经济学"的财税改革理论
—— 人类税收变迁规律与财税改革的原理与方案

第七章

财税改革的历史经验与现实教训

"罗斯福财税体系"与新政成功

  罗斯福新政是目前人类有效解决大萧条的成功实验,其经验弥足珍贵。20世纪人类遇到的经济危机很多,如拉美经济危机、日本经济危机、东南亚经济危机、俄罗斯经济危机等,这些国家经过经济危机后很长一段时间都一蹶不振,萧条时间长达二三十年之久,都没能像罗斯福新政一样成功克服危机,那么这背后的原因到底是什么呢？

对于罗斯福新政的成功，人们往往将其归因于凯恩斯主义的成功，但根据笔者的分析，美国走出大萧条，并不完全是因为凯恩斯所主张的赤字投资政策，而是因为罗斯福重构了美国的财税体系，这是凯恩斯主义经济学中所不具备的。

例如，现在维持美国财政收入的第一大税种——个人所得税和第二大税种——社会保障税都是在罗斯福新政时期建立起来的。在大萧条之前，个人所得税在美国是一个可以忽略不计的税种，只有少数人才交。罗斯福新政之后，个人所得税成为美国的第一大税种。在大萧条之前，美国没有社会保障税，大萧条后，社会保障税成为美国的第二大税种。有了这两大税收做基础，美国政府才有充足的财政资金投资于社会保障建设。"二战"之后，美国的艾森豪威尔又通过设立燃油税，为美国第二次腾飞奠定了基础。

而且，美国目前的财税体系仍然是罗斯福新政时期建立的，笔者称之为"罗斯福财税体系"。罗斯福的财税改革不仅帮助美国走出了经济危机，而且奠定了美国在"二战"之后后长达30年的黄金时代。而20世纪80年代以来的里根、小布什等共和党总统采取的新自由主义减税政策又将美国重新拖入了危机。

"罗斯福经济学"与"凯恩斯经济学"的区别

既然罗斯福新政采用的不是凯恩斯主义经济学，而是"罗斯福经济学"，那么两者之间有何区别呢？到目前为止，在经济学界很少有人探讨罗斯福主义与凯恩斯主义的区别。笔者认为两者有着根本性的不同。凯恩斯是赤字主义者，罗斯福是财政平衡主义者。

罗斯福拯救大萧条是按他自己的"加税＋投资"的思路进行的，而没有采用凯恩斯主张"减税＋投资"的方法，因此拯救大萧条的是罗斯福经济学，而不是凯恩斯经济学。

凯恩斯赤字政策是否可行呢？笔者认为，拯救大萧条需要动用的资金太多，仅仅靠财政赤字根本无法支撑，大幅赤字最多维持两三年就会达到极限，如果再同时进行减税，就必然会将政府拖入严重的债务危机。在比较严重的经济危机面前，凯恩斯经济学根本无济于事。因此，凯恩斯经济学只能拯救小萧条，拯救不了大萧条。如果遇到的是百年一遇的长周期危机，凯恩斯经济学的赤字投资政策就会出现失灵的情况，而且有可能将政府推向债务危机。

经济危机之后，中国三大经济学派的相互关系

2008年世界经济危机爆发后，世界各国都采取了不同的经济危机拯救方案，分别出现了美国方案、中国方案、欧洲方案等，背后支撑这些方案的其实还是世界上最流行的四个主流经济学派，分别是货币学派、凯恩斯主义学派、奥地利学派和供给学派。

在中国，凯恩斯主义经济学影响深远，经济危机后，中国参考了凯恩斯主义的方法，也就是通过财政扩张、政府大举投资来走出危机。凯恩斯主义治理经济危机的效果是明显的，在其他

国家经济一片萧条时，中国经济甚至出现了高达两位数的经济增长，当然同时也出现了通胀，结果在舆论和奥地利学派经济学家的压力下，货币政策上开始强调"绝不搞大水漫灌"，中国经济增长率也开始趋缓，2015年，中国又参考了供给学派的主张，实行供给侧减税。

在美国，弗里德曼的货币主义是主流的经济学，特别是时任美联储主席伯南克更是弗里德曼的忠实粉丝，因此经济危机之后美国选择了货币主义的量化宽松政策。量化宽松政策在美国表面上是成功的，但是奥巴马任期内，美国政府的债务增加了10万亿美元，美国经济仍然岌岌可危。而最重要的危害是，量化宽松又摧毁了美国的"立国两大支柱"——金融和创新，导致美国经济从根本上失去了竞争力，美国在与中国的竞争中一时变得明显落伍。

在欧洲，奥地利学派曾因"撒切尔改革"一战成名。奥地利学派的"小政府"观念从此在欧洲根深蒂固，因此经济危机之后，欧洲不是像中国一样扩大政府支出，而是搞起了"小政府"，他们采用的是奥地利学派的财政紧缩政策。欧美要求各国签署财

<u>政协议，各国一致实行财政紧缩，结果财政紧缩又导致了经济的进一步萧条</u>，并且让欧洲各国纷纷陷入了更大的债务危机，一个个财政破产。这时，欧洲看到美国量化宽松政策的"成功"，才开始意识到财政紧缩拯救不了欧洲，开始选择改弦更张，学习美国搞起了"量化宽松"货币政策，这样欧洲经济才逐渐稳住。

2008年全球经济危机的爆发标志着在西方喧嚣三十多年的新自由主义经济学的"失灵"，这正是中国经济学崛起的契机，彼时，中国的经济学创新确实也异常活跃。2008年全球经济危机后，先后有林毅夫提出了"新结构主义"经济学主张，滕泰、贾康等学者提出的"新供给主义"主张，以及笔者提出的新财税主义宏观经济学，我们这三个学派当时在学术界影响较大。其实，前两个学派虽然论述角度不同，但最终都不约而同地指向了中国的产业升级。新结构经济学将之称为打造新的产业结构，新供给经济学则称为增加新供给。但产业升级最终还是离不开财税支撑，新结构主义、新供给主义与新财税主义完全可以形成解决中国经济问题的"学术三角"，从不同侧面来解决中国的经济问题。

第八章

新财税主义宏观经济学的核心经济思想

1.一个国家的财税水平必须与这个国家的经济发展水平相适应

新财税主义宏观经济学认为,一个国家的财税水平必须与这个国家的经济发展水平相适应。一般农业国家的财政税收占到该国GDP的10%左右是合适的,中国和欧洲的古代都是这种状况。工业化初期的国家,财政税收占到GDP的20%左右是合适的,非洲和南亚的一些贫穷国家仍然处于这样的税收水平。一个全面工业化的发展中国家财税税收占到GDP的30%左右是合适的，一个国家达到了中等以上收入国家水平，财政税收一般要占到该国GDP的40%左右，这也是中国目前应该达到的税收水平。发达国家的税收一般占到GDP的50%左右，北欧等高福利国家甚至更高。

有人认为美国、日本的税收没有达到50%，这只是各国统计口径的问题，如美国的医保是私有化的，并没有纳入社保税的统计范围，但人们仍然要缴纳远比国家社保高得多的医保费用。美国存在众多的私立学校，这也没有纳入财政支出的统计口径。例如，日本的社会保障缴费很多也没有纳入宏观税负统计，而中国的财政支出统计口径则过大，如中国的事业单位、商业团体、科研单位都是有编制的，甚至连不少的清洁工都是有编制的人员，导致中国财政支出统计口径过大。

2.随着国家经济发展水平的提高，必然会出现财税缺口

新财税主义宏观经济学认为，随着人类经济发展水平越来越高，财政税收必然会呈现不断升高的趋势，政府必须不断地改革

国家的财税制度来适应经济发展水平的提高与财政支出的加大。回顾人类历史，第一次工业革命之后，在频繁经济危机的压力下，人类建立了社会保障体系；第二次工业革命之后，人类建立了社会福利体系，财政税收都相应地进行了大幅提高。

3. 经济危机是国家的财税水平与经济发展水平不相适应的结果

新财税主义宏观经济学认为，一个国家发生经济危机往往是该国的财税水平满足不了其经济发展水平的结果，而一个国家发生经济危机之后还认识不到这点的话，就会导致经济危机长期化。短期的经济危机将会变为长期的经济萧条，直到这个国家的财税体系得到根本性变革为止。当然，这种变革一般是要将这个国家的财税水平提高到这个国家对应的发展阶段所需要的水平。

4. 一般人类爆发一次科技革命，就要调整一次财税结构。

本次经济危机发生前人类发生了第三次科技革命。前两次科技革命之后人类都进行了财税调整，但第三次工业革命至今人类都没有进行大规模的财税调整，所以产生了经济危机，人类走出本次经济危机也要靠财税体系的调整，人类又到了财税体系革命的时刻。

5.产业升级与财税升级应该成为一个国家经济发展的常态

在新财税主义宏观经济学中，我们将经济发展概况为两个升级，即"经济发展=产业升级+财税升级"，两者缺一不可。其中，产业升级对应的是经济增长，财税升级对应的是社会发展，两者只有同步升级才可以相得益彰。如果只进行产业升级，不进行财税升级，产业升级也会成为无源之水，无本之木，产业升级与财税升级都应该成为一个国家经济发展的常态。

6.财税调整并不完全是税率的调整，更体现为税收思想与征税方式的革命

人类的税收调整，不是要提高税率，而且税率也不能提高，而是要调控税收结构，开辟新的税种和征收方式。经济发展会有很多新的业态出现，都可以为税收开源提供基础，比如美国首创

的燃油税就支撑美国建成了完善的高速公路体系,一直沿用至今。新的税收可以支撑新的经济发展,这是良性互动的。

新财税主义宏观经济学主张的财税改革本质是财税制度的创新,而不应该像美国的民主党、共和党那样频繁地在税率上来回调整。

7.减税只能是阶段性政策,违背社会发展潮流,不适合中国与世界

当前对世界各国影响最大的危机就是政府债务危机,其根源就在于20世纪美国里根政府开启的减税风潮。导致经济危机的原因不可能再成为解决经济危机的方法,如果再继续减税,增加赤字,世界将面临更大的利息支出,最终每年的新增财政收入只能用于还利息,而不能用于经济建设,政府财政会走入"以债还债"的恶性循环,目前世界主要发达国家都已经陷入了这样的危险循环。

我们不应该盲目反对增加税收

盲目反对增税和盲目迎合减税都是不理智的行为，如果增税有其合理性、科学性和必要性，就应该增加；如果减税的好处不能惠及众人，那么减税也没必要支持。连巴菲特、比尔·盖茨等超级富豪都主张增加税收，说明目前的税收体系确认存在不合理性。民众如果是反对为自己增加税收，那是情有可原的，如果是替那些每天都在奢靡浪费的人减轻税收，就是一种愚昧。况且，新财税主义宏观经济学反对盲目地对税率进行调整，主张对税收进行重构，对税收有增有减。税收调整的核心精神是科学和平等，税收也是实现社会公平最必要的方式，"税收文明"也是国家文明的一部分，一个国家是否先进很大程度上也体现为其财税体系是否先进。

人类的税收结构不是一成不变的，而是不断变迁的。根据笔者总结，人类进入工业社会之后，税收结构主要经历了三大阶段：第一阶段是工业化初期，以企业税为主的税收阶段；第二个阶段是工业化时代，是以个人所得税为主的税收阶段；第三个阶段是后工业时代，是以消费税为主的税收阶段。

人类税收变迁规律

在工业化初期，人民普遍比较贫困，向人民征税几乎不可能，所以税收主要来自企业，而增值税就是面向企业的一个税种。

到了工业化完成阶段，个人所得税就变成国家的主体税种。因为这时国家完成工业化之后，人民开始变得富裕，中产阶层开始涌现，这时征收个人所得税开始变得可行。而且征收个人所得税还可以很好地抑制贫富差距，所以在发达的工业国家，个人所得税都是一个重要的税种，甚至是政府财政收入的第一大来源。

在后工业时代，消费税成为一个重要税种，因为进入后工业时代之后，工业在社会中占的比重越来越小，服务业占的比重越来越大，特别是享乐性消费、高端消费、奢侈消费开始变得流行起来，因此在这个阶段，消费税成为一个国家的重要税种。

目前中国还是以企业税为主，我们应该进入以所得税为主的第二个阶段，并且应该开始为第三个阶段的税收做准备。在今天，增值税仍然是中国的第一大税种。根据笔者预测，在未来十年中，所得税将会超越增值税成为中国的第一大税收，而在未来二十年内，消费税将会成为中国的第一大税种。中国应该按照这个演变路径来进行布局。笔者主张主要用差别化的消费税来增加税收。笔者的财税创新也主要是针对消费税的创新。中国应该用科学化的消费税体系替代现在以个人所得税为主的所得税体系。

应该将消费税升级为"社会资源消耗税"

消费税在发达国家虽然是一个很普遍的税种，但是中国征收消费税比较困难，民众消费为何要交税？但"开征社会资源消耗税"和"超额社会资源消费税"却是比较正当的，因此笔者建议将消费税改为"社会资源消耗税"来征收是合理的。

社会资源消耗税与消费税从征收上区别不大，但是从本质和内涵上来说却完全不同。消费税是对居民的购买行为征税，而社会资源消耗税则是指对民众的社会资源消耗行为进行征税，两个税种针对的是两种不同的行为，因此征收消费税和征收社会资源消耗税的目的与本质也就不同。

当然，社会资源消耗税与资源税也不同。资源税是向开发与销售自然资源的行为人征税，而社会资源消耗税则是向消费社会资源的行为人征税，社会资源税的含义更广，社会资源不仅包含自然资源，也包含其他资源，比如公共产品资源等。

征收社会资源消耗税有利于社会资源的节约，杜绝过度的铺张浪费。现代社会，民众消费的资源许多都是不可再生的，至少是短期内不可再生的，因此适当减少社会资源的不必要浪费是必须的。

征收社会资源消耗税从根本上并不会抑制消费。首先，从发达国家的经验来看，发达国家已经普遍征收消费税，并没有造成消费低迷；其次，按经济学家弗里德曼的分析，消费是由人的恒久收入决定的，其他因素影响不大。

社会资源消耗税的征收对改善城市基础设施、改善人居环境、改善市民福利、维护社会公平都是有用的。在美国，一般是越发达的州消费税越高，越穷的州消费税越低，而消费税越高的州，越有能力进行社会投入，经济发展得反而越好，消费税越低的州反而没有投资的资金，只能变的更穷。

第九章

新财税主义宏观经济学的税理思想与财税改革方案

新财税主义宏观经济学的税理思想：人类未来的四大增税空间

社会发展会造成社会问题，解决社会问题的方案也孕育在这些社会发展之中。笔者将社会发展总结为"四大升级"，分别是消费升级、科技升级、贫富差距升级和政府服务升级，这四大升级造成了人类现在所面临的社会问题，同时也为增加税收，解决社会问题提供了空间。

1.消费升级为增税提供了空间

现代社会，经济发展的一大特征就是消费升级。我们可以把消费分为生存型消费、享乐型消费和奢侈型消费三大类。人类经济进步的核心特征是生存型消费所占的比重越来越低，而享乐型消费和奢侈型消费所占的比重则越来越高，后两者就可以增收社会资源消耗税。

对于社会资源消耗税，**笔者不主张通过界定品类来征税，而是主要通过界定品牌来征税，或是品牌与品类界定相结合，有的产品整个品类都可以征收比较高的税，而有的公认的高端品牌、奢侈品品牌可以整个品牌都征收比较高的税。**当一个国家发展到一定程度后，品牌消费成为大众消费的典型特征，因此，按品牌定位制定不同的税率也是可行的。例如，在中国，化妆品一直征收比较高的税收，但是很多化妆品是大众消费水平，而非奢侈性消费品，我们向化妆品中的奢侈品牌征税即可。高收入人士无论是自己消费还是将财富传承给子孙，最终都是要用来消费的。

2.科技升级为增税提供了空间

科技进步也是现代社会的一个重要特征。科技进步一般会从两个方面导致物价下降：一方面是产品生产的机械化、自动化程度升高，导致产品生产成本的下降；另一方面，科技成熟也可以让很多产品降价，因为科技成熟的产品不再需要大规模的研发投入。例如，我们可以根据产品机械化程度的不同，把产品分为劳动密集型产品和机器密集型产品，劳动密集型产品的价格会越来越高，机械化大生产的产品会越来越廉价。

我们可以**根据"产品研发投入的比重"按品类将产品分为高科技产品和技术成熟型产品**。高科技产品需要大量研发投入，会很贵，而一旦技术成熟，就只需要很低的生产成本，价格就会变得非常便宜。对于那些技术成熟，价格不断变低的产品就可以适度征税，这并不会对人们的生活水平产生太大影响。

3.贫富差距升级为增加税收提供了空间

社会发展带来的后果是贫富差距的扩大，而不断扩大的贫富差距也可以为政府提供征税空间，因为不同收入水平的人对社会资源的消耗差异也越来越大，富裕人群对社会资源的占有远远超出社会平均水平，对于那些占据社会资源超出平均水平的占有行为可以多征税，也即征收"超额社会资源消耗税"。

4.政府公共服务升级为政府收费提供了空间

我们前面讲过，经济分工的扩大也会导致政府分工的扩大，政府为社会提供的公共服务并不应该都是免费的。政府应该只为那些有利于消除社会不平等的、有利于建立社会公平的服务免费，如公共教育、公共医疗等，而那些为不特定群体服务的，或是为商业企业服务的政府行为都可以收费。随着政府服务越来越多，可以收费的空间也在增加。这些政府服务收费，可以很好地弥补公共财政的不足。政府提供的是公共产品，但有些公共产品在使用上是可以分割的，就可以收费。

新财税主义宏观经济学改革建议:"七增七减"的财税改革方案

1.增加享受型产品和奢侈型产品的税收,降低生存必需品的税收

政府可以根据不同的行业、不同的产品制定不同的税收标准。我建议将各种产品分为"生存必需品""享乐型产品"和"奢侈型产品"三类,应该提高享乐型产品和奢侈品的税收,降低生存必需品税收。

奢侈品税收的征收应该改为主要按"品牌"征收。主要做法是对各类商品进行品牌认定,某个商品品牌一旦被列入奢侈品品牌目录,则征收更高的税收。很多品牌可以全品牌直接划入奢侈品的行列,如奔驰、奥迪、宝马等豪华汽车、苹果手机以及一些奢侈品牌的服饰、珠宝、化妆品等,这样划分之后增税的空间非常大,既可以避免社会资源的浪费,也可以增加大量的税收,而

那些生存必需品则可以实行普通的税收，甚至适度减税、免税。

在经济学上，奢侈品不符合价格曲线，增加税收并不一定会降低销量。奢侈品认定对商家也有好处，等于是对商品品质和定位的背书，商家也不一定会反对。

有人认为，现在中国奢侈品的价格比国外还高，但这是商家的定价策略所致，而非税收所致，而且现在这些产品虽然价格很高，但是人们的消费热情却不减，所以增加税收也并无不可。至于海外购物也可以通过补缴税收来解决。

2.增加成熟工业品税收，适当降低高科技产品税收

笔者建议将工业品分为技术成熟型产品和新型科技产品。对于技术成熟型产品可以适当提高税收，因为成熟工业品需要投入研发的费用非常少，只有生产费用；而新型科技产品则需要持续的研发投入，而且需要面临全球技术竞争，可以降低税收，鼓励创新。

成熟产品，价格极其低廉，可以适当多征收税收；高科技新产品研发投入大，可以减税，促进其技术成熟。

3.增加机器密集型产品税收，降低劳动密集型产品税收

对于产品，我们还可以分为机器密集型产品和劳动密集型产品，劳动密集型产品可以适当减税，机器密集型产品可以适当增税。因为根据经济学规律，对于那些已经实现机械化大生产的产品，劳动生产率会变得非常高，价格也会变得非常便宜，即使适度提高征税标准，价格也可以承受，如一台电视机1000元，征税50%，价格升高到1500元，人们照样买得起。

而对于劳动密集型产品，如服装、鞋帽则可以降低税收。如一双女士皮靴的价格比一台彩色电视机的价格还要高，其背后的原因就是电视机是机械化生产，而皮靴更多需要手工劳动。因此对于服装、鞋子等劳动密集型行业就可以减征税收。如中低端餐饮和理发等行业也可以降低税收，服装费用在现代人的生活开支中占比很大，很多白领人群极易成为"月光族"，就是因为服装、餐饮这些劳动密集型产品或服务在其生活中的开支占比过大。

4.增加政府公共服务收费,降低企业增值税和所得税等税收

笔者建议政府有些服务也可以适当收费,政府服务有些是面向大众的,比如义务教育,这些可以无差异享受的服务,而且可以促进社会公平的服务可以不收费,但是对于一些并非所有人都享受,主要面向特定人群的或是面向某些行业,可以由受益人缴费,而企业缴纳的增值税和所得税等税收可以适当降低,以保护企业生产的积极性。

5.个人所得税地方化,降低个人所得税税率,增加纳税群体,成为支撑地方财政的重要税种

现在,土地财政日益枯竭,不能再支撑地方政府的财政。我认为应该用个人所得税来代替土地财政,中国的个人所得税还有很大的提升空间。在美国,个人所得税也是第一大税种,中国现在个人所得税之所以征收有限,一个重要原因是全国实行统一的标准,导致对大城市白领人群不公平。

各地经济发展状况不同、工资水平不同、物价水平不同，因此个人所得税不应该再"一刀切"，应该地方化，由地方人大制定标准。大城市工资高，但是消费也高；小城市工资低，但消费也低。个人所得税的起征点应由地方人大确定，将个人所得税变成一个支撑地方财政收入、服务地方建设的重要税种，这样就可以弥补地方土地财政枯竭后的政府支出问题。中国缴纳个人所得税的比例可以像美国一样占到就业人口的70%以上。

6.降低能源、资源税，开征"超额资源税"

资源、能源的价格关系到企业的国际竞争力，也关系到老百姓的生活，因此在资源税和能源税上可以降低征收。但是我们可以开征"超额资源税"，对于那些占用社会资源远超出社会平均水平的群体进行额外征税。当然，在实际征税中可以根据行业不同，采取不同的税收名称，如在房地产行业我们就可以称为"超额房产税"。中国的房产税一直有征收的必要，但是一直没有落地，就是因为房地产税这个名称本身就容易遭到抵制，如果采用"超额房产税"，对于购房面积超过人均住房面积的征收超额房产税，则可以非常容易地获得人民的支持，也更加科学。

7.增加因经济周期或经济政策而出现暴利的行业的税收和降低因经济周期或经济政策亏损行业的税收

宏观经济、产业经济、金融经济都是有一定周期的,受周期因素影响,有的行业整体暴利,有的行业整体亏损,但无论是暴利还是亏损可能都与企业家的经营能力关系不大,应该对暴利行业增加税收,对亏损行业减免税收。比如房地产行业曾经是暴利行业,其时就可以提高税收标准;金融行业也经常是暴利行业,也可以提高税收标准。暴利行业带有一定的周期性,可以动态调整。

用"新财税主义宏观经济学财税体系"取代"罗斯福财税体系"

"社会资源消耗税"是最公平的税种,应该成为未来第一大税种,因此我们建议在普遍降低增值税和所得税税率的基础上征收"社会资源消耗税"。这一税种全面征收后,可以由经销商缴纳，或厂家代为征收，在这方面，中国有着非常完整的实践，可以非常顺利地实行。

当今世界，各国实行的还主要是"罗斯福财税体系"，主要依靠个人所得税和社会保障税，消费税在美国已经大面积存在，但也不是主要税种，笔者主张的新财税主义宏观经济学财税体系本质也是区别化的消费税。新财税主义宏观经济学财税体系未来可以取代罗斯福财税体系，成为支撑未来发展的主要的财税体系。

当然，社会资源消耗税的概念，也未必适合各个行业，对于部分服务领域的征税，可以仍然使用"消费税"的概念。

第十章

建立"公民捐赠账户"制度并与国家救助制度相结合

捐赠也应该是政府公共支出的一大来源。在中国古代,"捐"与"税"并列,是政府财政收入的主要形式。国家或地区具有重大意义的工程可以鼓励民众参与捐款,民间捐赠也可以成为政府举办重大事业的资金来源。

民间捐赠也可以成为政府举办重大事业的资金来源

在古代,中国县以下的教育、道路、庙宇、祠堂等公共设施,大都是由民间捐赠完成的。到了现代,一些重大灾害期间,人们也会有自发捐赠行为。其实,对于一些重大的,有公共意义的,带有"国家荣耀"或"地方荣耀"的重大工程等都可以鼓励民间参与。例如像奥运会、航空母舰等具有极大全民意义的重大项目,仅仅依靠民间的捐款热情就可以完成,国家根本就不需要那么多的投入。另外,比如连接山东省与辽宁省的海底隧道,连接海南与广东的海底隧道,沪杭磁悬浮高铁等对地方具有极大意义的公共工程也可以采用捐赠的形式募集建设资金。

对于民间捐款可以通过类似古代"立碑树传"一样,给以捐赠者"国家荣誉"作为回报。或是等公共工程完成之后,可以享受一定的免费消费权,这都是可以考虑的方式。比如捐赠高铁修建者,其捐赠费用可以用于冲抵同等金额的车票费用。现在国家重大工程建设普遍采用贷款模式,每年国家财政都要负担巨额的利息，如果可以采用先捐赠，后免费消费的方式则可以省去大量的利息支出，不仅高铁建设适合这种模式，地方高速公路建设、海底隧道建设都适合这种模式，国家可以以这样的方式开通大量的消费类工程项目。

其实，任何一个公民都有将自己的行为纳入国家或民族历史进程的愿望，都想将爱国热情行为化，这也是实现个人价值的一种方式。如果这种参与历史的方式再与一些荣誉或消费权联系起来，多数人都有参与的愿望，很多看似可望而不可即的工程，只要有民间力量的充分参与，就会更快地推进，也可以极大地推进国家发展的进程。

当然，对于重大工程或重大事业的捐赠应该做出严格限制，不能由各级政府随意发起。原则上只能由中央政府或省级政府才能发起，市级或更低层级政府如果要发起，应该由省级政府批准，以免变成对民众的强行摊派，变为另一种负担，但是在互联网监督无处不在的现代社会，强行摊派的空间微乎其微。

建立"公民捐赠账户"制度，实行"储蓄式捐赠"

国家还可以实行"储蓄式捐赠"，建立"公民捐赠账户"制度，完善个人捐赠数据库与信息查询系统，实行全国联网。对于以前有参与过社会捐赠的公民，如果遇到生活困难，都可以根据以前的捐赠金额，按一定比例直接从国家财政中快速无条件、无延时地领取生活救助。这就会让人们在经济条件宽裕时为国家捐赠，在个人生活困难时，也可以及时得到国家的救助。这也是一种个人收入周期的有效调节。比如，我们可以规定公民都可以无条件、无延时地从个人捐赠账户中领取个人捐赠金额50%-70%的个人救助金。这种捐赠直接由国家财政掌管，而不是由民间慈善机构管理。

"公民捐赠账户"与个人申请国家救助结合起来的方式，还可以帮助公民树立良好的个人资金使用习惯。人通常都缺乏自律能力，如果没有相应的制度支持，个人要想有充足的积蓄是很难的，绝大部分人在面临生活困境时都只能求助于亲友或是高利息向金融机构进行信用贷款，这无形中加大了社会和个人的不稳定性，也为不良金融机创造了向民众吸血的机会。

鼓励高净值人群弃领国家社会保障费用

国家建立社会保障制度是为了照顾大多数民众，而高净值人士或高净值家庭其实是没有太大必要的，我们可以鼓励那些个人经济条件比较好，或是子女经济条件比较好的退休人士弃领养老金。养老金是一个面向大众的制度，但不是每个人都需要。中国有很多企业家、高管或投资人，他们在年轻时就已经实现了财务自由，还有一些人，他们年轻时虽然没有实现财务自由，但是他们的子女非常优秀，已经是财务自由的高净值人群，而且非常孝顺，这些人退休后也没有必要领取养老金。国家应该鼓励这些人放弃领取包括养老金在内的国家社会保障费用，以降低国家财政负担，同时，国家也应该对这些弃领国家社会保障费用的居民给以相应的荣誉，或是直接将弃领的社会保障费用直接划入公民捐赠账户，一旦他们的收入出现变动，还可以从个人捐赠账户中获得救助。

随着人均寿命的延长，社会保障费用已经成为各个国家最大的财政支出。不幸的是，各个国家为了应对社会保障费用不足，一律采取了提高退休年龄的做法，欧洲很多国家都计划将退休年龄推迟到75岁。如果有一定比例的人弃领或是部分弃领社会保障费用，那么国家就可以节省下很多社会保障费用，也没有必要搞延迟退休。

企业可以实行自愿捐税

企业家也可以在完成国家税收任务之后自愿多交税，现在国家的税率是根据企业的平均承受能力制定的，对于高利润行业，他们有大量的盈利，对于这些行业，可以鼓励他们采取自愿捐税，也就是在完成国家规定的纳税任务后可以多交税，这一部分多出的税收也可以划入企业捐赠账户，成为企业蓄水池的一部分，等企业遇到困难时，可以从中按一定比例，无条件领取。

总之，笔者主张的公民捐赠都是与相应的荣誉与权利相结合的，不是鼓励大家无偿地捐赠，这种公民捐赠账户与国家救助相结合的制度很大程度上可以做到"公民自助",未来会成为社会不稳定性和社会矛盾的巨大缓冲器,而且这种制度的建立是不需要太多成本的,国家设计好了,就完全可以依靠智能系统自动完成,不需要人力、物力的投入。

第十一章

新财税主义宏观经济学的实践建议

政府没必要忌谈增加税收

抽象地谈增加税收或降低税收是没有意义的,都要具体分析,增加税收、增加公共服务的做法看似会引发民众不满,但是实施后最终会惠及人民,人民也会因受益而支持。税收不一定都是不受欢迎的,如有利于缩减不平等的税收、有利于抑制资源浪费的税收、有利于抑制社会奢靡之风的税收、有利于抑制不良生活方式的税收，有利于维护社会公平的税收都是会受到民众欢迎的。民众一旦从高税收、高福利中享受到好处，就不会反对。比如在税收最高的北欧，几乎没人反对征税，而且一些领域的增税才能为其他领域的减税创造空间。

减税、增税都是税收改革，而且应该同步进行。只有在某些方面增加了税收，才可以在某些方面降低税收。只有开征新的税种，才能将现有税种中比较重的部分降下来。不然的话，降低税收只能以降低社会福利为代价。以增促减，才可以将减税落到实处。

同时，政府也应该倡导节约，避免浪费。

中国进行财税改革的迫切性

1. 赤字财政难以长期持续

中国正处于城市化、现代化的关键时期，"瓦格纳缺口"只会扩大，不会减小。中国每年财政负债导致的利息支出已经超过科技支出。如果不进行财税改革，长此以往，政府财政连支付财政利息都会变得非常困难，更不用说还清政府债务了。中国是中国共产党领导的多党合作和政治协商制度的国家，不可能像西方那样将财政难题不停地留给后人，必须下决心解决。

2. 土地财政难以持久

中国本来就是低税收国家，在房地产业蓬勃发展时，土地财政成为地方财政的重要增长极。但随着土地出让金的减少，税收不足问题将暴露得越来越严重，地方政府需要利用个人所得税完成对土地出让金的替代。

3. "分税制"改革红利早已经吃完，中国需要"新税改"

中国上一次大的财税改革是在20世纪90年代，依靠"分税制"改革，在一段时间内满足了政府财政支出的需求，但随着经济水平的进一步提高，这一改革的红利渐进尾声。中国财政收入主要靠出让土地支撑，目前，土地财政也已经难以维系，中国已经有很多年没有对财税体制进行大的改革，急需进行新一轮的财税改革，才能适应经济发展，不然中国税收不足的问题将会越来越严重。

4.人民对政府服务和社会福利的现实需求

随着社会发展和城市化的到来，人民对政府公共服务的需求只会越来越高，人民需要清洁的空气、美丽的市容、干净的街道，需要顺畅的交通，如果要做到这些，就需要充足的财政资金作为基础。另外，人民对社会福利的要求也会越来越高，他们需要各种各样的福利，如育儿补贴、失业救助、免费医疗等，这些也需要政府资金的支持。这些是由风险社会的性质，以及越来越高昂的生存成本所导致的必然需求。

5.要建成世界最先进的国家发展模式，就必须建设世界上最先进的财税体系

世界竞争的本质是国家发展模式的竞争，国家发展模式的竞争背后是财税模式的竞争。如果一个国家能够创造出一套世界上

最先进、最科学的财税模式，那这个国家就将引领世界。20世纪的美国能够领导世界，很大一部分原因是因为罗斯福率先建立了世界上最先进的财税模式，支撑了国家发展，我们中国要想在21世纪成为世界进步的旗帜，就必须率先建立一套比"罗斯福财税体系"更先进的财税模式。

新财税主义宏观经济学改革的实践建议

1.对新财税主义宏观经济学进行理论可行性研讨

新财税主义宏观经济学的实施需要财政与税收等多个政府部门的介入才可以，因此在理论完善方面也需要这些具体部门的参与，才可以让理论更合理，更可行。

2.对新财税主义宏观经济学进行深化研究以及更大范围的协同研究

新财税主义宏观经济学的财税改革主张是大方向，大框架的，但具体实施需要不同行业、不同部门的协同研究。如哪些行业可以认定为劳动密集型行业，哪些行业可以认定为机器密集型行业，哪些品类可以认定为生存必需品，哪些品牌可以认定为奢侈型品牌，哪些高科技产品可以免税，哪些政府专项收费可以恢复或是加强等都需要大量的调研工作。

3.可以建立地方试点，探索可行性方案

可以在一个地方进行理论实践，在实践中探索可行性与实践方案，理论只有用到实践中才可以检验其真正的价值。

总之，我们认为新财税主义宏观经济学思想理论体系是科学的，是适合时代发展的，而且是中国和世界都可以参考的理论，一旦应用就可以对社会作出贡献。

第十二章

新财税主义宏观经济学的衍生理论：第四代经济增长理论

——从"创新资本经济学"视角解释中国经济对美国的快速超越

经济增长理论最核心的目的是找出一个能够决定经济增长的根本性因素，"二战"之后，人类已经诞生了三代经济增长理论，有众多的经济学家参与其中，但客观地说，决定经济增长的那个根本重要性因素并没有完全被找到，现有的经济增长理论对现实经济增长的指导意义也不大，也很少见到有政府根据经济增长理论制定经济政策。笔者提出了第四代经济增长理论——"创新资本经济学",认为经济增长取决于创新,但创新要快速转化为生产力则取决于"创新资本"的支持,而创新资本的募集则需要高利率货币环境做基础,国家之间经济竞争的核心是"创新资本总量"的竞争,利率是一个国家实现经济增长最根本的内部驱动力。

一、人类经济增长理论研究综述

人类研究经济增长问题并不是从"二战"之后才开始的,早期经济学家如亚当·斯密、李斯特等学者都提出过自己的经济增长思想,"二战"之后,人类进入了经济增长理论研究的高峰期,本篇对经济增长理论代数的划分主要是从"二战"之后,经济增长理论成为一个独立的经济学分支时开始的。"二战"之后最先主导宏观经济学的是凯恩斯经济学,因此第一代经济增长理论也是基于凯恩斯主义的。在凯恩斯主义经济学中,经济增长主要靠投资,但投资主要靠什么,**第一代经济增长理论给出了答案,认为储蓄率是决定经济增长的关键因素**,认为经济增长率决定于储蓄率。第一代经济增长理论的提出者是英国牛津大学哈罗德教授,此人同时也是凯恩斯传记的作者。哈罗德提出的第一代经济增长模型，在经济学中被称为哈罗德-多玛模型，因为美国经济学家多玛在他的论文中也提出了类似模型。

第一代经济增长理论将决定经济增长的根本因素归结为储蓄，这就引出了其他问题，储蓄是不是越多越好？储蓄率到底是多少最为合适？关于这些问题，美国经济学家菲尔普斯给出了答案。他认为资本积累存在一个最优水平，如果一个社会储蓄率过高的话，那么便会导致"经济动态失效"现象，降低了人们的长期福祉。他通过模型计算出了决定经济增长黄金储蓄率水平，菲尔普斯也因此获得了2006年度的诺贝尔经济学奖，自此，第一代经济增长理论的研究告一段落。

其实第一代经济增长理论与现实并不完全相符，只可以用于解释发展中国家的经济增长，而发达国家的增长并不靠储蓄和投资，而是靠技术进步。而且一个国家的经济增长如果主要靠资本积累，则会出现随着资本积累的收益递减，最终增长也会停滞，因此将技术因素引入经济增长理论非常重要，这就是第二代经济增长理论的主要内容。第二代经济增长理论认为"技术进步"才是经济增长的最终动力。第二代经济增长理论的提出者是美国经济学家索洛，索洛最大的贡献是提出了技术进步对经济增长的贡献的计算方法，他将由技术进步引发的经济增长称为"全要素生产率"增长，包括知识、教育、技术培训、规模经济、组织管理等方面的改善，"全"的意思是经济增长中不能分别归因于有形生产要素的增长的那部分，因而全要素生产率用来衡量除去所有有形生产要素以外的纯技术进步的生产率的增长。索洛本人也因此获得了1987年的诺贝尔经济学奖。

当第二代经济增长理论将"技术进步"确定为决定经济增长的根本重要性因素后，一个新的疑问就随之而来，经济发展所需要的技术进步从何而来？这一疑问也造就了第三代经济增长理论。第三代经济增长理论解决的就是经济体系内部是如何产生技术进步的问题。最早解决这一问题的是美国经济学家阿罗，他提出了"干中学"模型。阿罗认为，人们是通过在实践中学习而获得知识的，技术进步是知识的产物、学习的结果，也就是说，技术是人才在"干中学"中获得的。阿罗在1972年获得了诺贝尔经济学奖，同时他也是最年轻的诺贝尔经济学奖获得者，当时才51岁。阿罗之后罗默也提出了内生经济增长的思想，认为知识的边际递增效应是导致进步的根源，后来卢卡斯也建立了人力资本增长模型，认为经济增长主要是由于人力资本的提升。2018年，罗默因为内生增长理论获得了诺贝尔奖，卢卡斯也是1995年诺贝尔经济学奖得主。之后，经济增长理论就没有更大的突破。

经济增长理论如此重要，以至于那么多诺贝尔奖经济学家投身其中，甚至卢卡斯有一句广为流传的名言："一旦你开始思考经济增长问题，就很难再去想别的了。"但是我们不禁要问，人类目前所探索出的经济增长理论就真正解决经济增长问题了吗？技术、知识和人才就是人类经济增长的终极秘密吗！看看现实，如果说技术进步是经济增长的最终动力，那么当今社会日本是一个技术大国，以前每年创造着几乎全球最多的技术专利，但日本为何长达二十年经济停滞？如果说知识与人才是世界经济增长的动力，那么为何美国拥有世界上最先进的大学，拥有世界上最多的知识与人才，那么为何美国近年开始担忧被中国超越？人类现有的经济增长理论与其说是揭示了经济增长的本质，不如说是用极其复杂的模型解释了一些最显而易见的常识而已，现代经济增长理论仍然是不完善的，决定经济增长的那个根本性因素还没找到。

二、第四代经济增长理论强调"创新资本"的重要性

在笔者看来，人们对经济增长问题的探索还远远没有结束。我们可以顺着第三代经济增长理论的成果继续追问，人才和知识可以产生技术，但技术进步就一定可以马上转化为经济增长吗？这里面也欠缺一个最重要的要素——资本。如果没有资本去支持技术转化为现实生产力，经济就不会增长。技术进步向现实经济增长转化是需要资金投入的，因此笔者提出了第四代经济增长理论。

第二代经济增长理论论证了技术进步的重要性，第三代经济增长理论研究了技术进步的来源问题，第四代经济增长理论研究的则是技术进步如何快速转化为生产力的问题。在第四代经济增长理论中，笔者认为一个国家的技术能不能够快速转化为生产力取决于这个国家在创新领域聚集的资本规模。创新领域聚集的资本也称为"创新资本"，他与传统企业所依赖的信贷资本是完全不同的。传统意义上的资本更多的是债权资本，他们主要由银行

提供，他们的收益是固定的利息，而"创新资本"更多是以股权资本的形式出现，他们赚取的不是利息，而是股权增值收益，股权投资行业聚集的创新资本规模才是决定经济增长的关键因素，这比人才和知识更重要。

第四代经济增长理论与第二代、第三代经济增长理论并没有本质冲突，而且一脉相承，第三代经济增长理论研究的是知识和人力资本如何转化为技术进步，解决的是"从0到1"的问题，而第四代经济增长理论研究的是技术进步如何转化为生产力，解决的则是"从1到N"的问题。

三、新"国家竞争力"理论

第四代济增长理论认为，一个国家要想尽快地让"技术进步"转化为"生产力"，就必须用最短的时间募集到更多的"创新资本"去支持技术进步的转化，哪个国家可以更快地募集到更多的创新资本，哪个国家就可以更快地将技术进步转化为现实的经济发展。因此在第四代经济增长理论看来，国家竞争比拼的是"创新资本的募集能力",最直观的指标是国家的"创新资本总量",当一个国家的"创新资本募集能力"开始被另一个国家超越时,这个国家的"创新资本总量"也就开始被另一个国家超越,那么这个国家的创新能力也会很快被另一个国家超越,这个国家的经济发展水平也将很快被另外的国家超越。

第四代经济增长理论认为"创新资本募集能力"和"创新资本总量"是国家间经济竞争的核心。因为各国在基础科学领域都是相通的,基础知识是可以跨国流动的,科研论文是全世界都可以查看的,真正拉开差距的是应用技术层面的差距,最明显的就是苹果、华为、高通、英特尔、台积电这些世界知名企业,他们也并没有做出多少震惊世界的伟大科学发现,他们的科研人员也并不具备获得诺贝尔经济学奖的能力,他们只是在应用领域进行了更多的创新积累而已,而正是这些应用方面的差距才可以真正拉开不同国家的经济差距。

中国在不少创新领域都超越了美国,也不是因为中国在基础科研领域超越了美国,而是中国在科研转化方面超越了美国,因此一个国家基础科研暂时落后并不可怕,科研转化能力强也是极大的优势。

四、"创新资本募集能力"背后的货币政策因素

当第四代经济增长理论将决定经济增长的根本因素聚焦到"创新资本募集能力"和"创新资本总量"之后，我们还应该继续追问，一个国家如何才能具备很强的创新资本募集能力呢？这才涉及第四代经济增长理论研究的最核心的问题。

根据笔者研究，一个国家创新资本的聚集速度是与货币利率因素密切相关的，确切地说是，一个国家的创新资本募集能力与货币利率成正比。一个国家实行较高的货币利率才是导致一个国家的资金向创新领域聚集的核心因素。这也是第四代经济增长理论的核心内容之一。

其实任何一个国家都是拥有大量资金的，美国经济总量高于中国，而且是全球主权货币国家，2008年以后更是长期实行量化宽松货币政策，因此美国拥有的资金总量显然也比中国更多，但

为何在2019年前后美国创投资金的总规模被中国超越了呢？其实一个国家拥有多少资金并不重要，资金的流向才重要。只有资金流向创投领域，才可以形成创新资本。如果资金大量流入证券市场，只能形成资本泡沫。那是什么决定资金的流向呢？是货币利率，在笔者的著作中称之为"利率指挥棒"。

笔者曾经提出过"货币流动理论"，认为资金是在"利率指挥棒"的指挥之下流动的，高利率可以让社会资金涌向股权投资，低利率则有利于社会资金涌向信贷消费和证券投资。一个国家只有在比较高的货币利率情况下，民众才愿意将资金用于投资理财，因为只有高利率环境才可以为投资资金提供高额回报。有了高额回报，金融机构才能比较容易募集到资金，而在低利率下，人们宁可将钱花掉，也不会进行投资理财，或是将廉价资金投入高风险领域博得更高收益。对于一个国家来说，支持创新的主要是股权投资机构，他们的资金也主要来源于其他金融机构，也受到金融利率的影响。高利率环境可以让其他金融机构更好地募集资金，这些机构为股权投资机构提供资金，有了资金才可以更好地去支持创新。但归根结底，创新资本的来源是民众的理财资金，因此民众理财资金的流向非常重要，高利率可以将民众理财资金引导到银行或其他类固定收益领域，而非证券投资市场。

2008年金融危机后，中国出现了创业与投资热潮，这是因为当时中国的货币利率高，所以中国的金融是非常活跃的。中国提供利率是为了应对美国量化宽松的热钱溢出导致的通胀，高利率环境下，中国的股权投资机构募集的资金总额也是全球最高的，再加上高达万亿级的产业基金支持，中国出现全球最火热的创新就不足为奇了。比如2019年4月数据，在基金业协会备案的创业投资基金达6975只，管理资产规模为9970亿元。根据美国证券交易委员会（英文简称SEC）发布的2018年第二季度数据，在SEC备案的创业投资基金846只，管理规模800多亿美元。中国创投基金规模已超过美国，甚至接近美国的两倍。而同年发布的《2019胡润全球独角兽榜》：中国超过美国，以206家比203家领先。2020年全球独角兽企业500强中，中国企业数量和估值居世界第一，分别为217家和9376.9亿美元，连续两年位居全球独角兽企业500强榜首。

其实历史都是惊人的相似，中国和美国创投行业的崛起都是在高利率的环境下实现的。在美国，创投也是一个非常年轻的行业。美国创投行业的崛起，源于里根时代的高利率，但这不是有意为之的，也是防通胀的结果，美国当时的经济背景是滞涨。相反，美国和日本的创新衰落的经济政策背景也是惊人的相似，都是受到"量化宽松"货币政策的影响。日本是世界上最早实行量化宽松货币政策的国家之一，日本从互联网时代就开始落后于世界，尽管日本拥有的专利居于世界前列，但这些专利没有创投资金的支持，无法实现产业化，同样一个专利在中国的售价远远高于日本。美国是从移动互联网时代开始实行量化宽松货币政策的，美国在移动互联网时代也是全面落后于中国的，这不是美国的人才不再具有创新精神，而是美国不再有那么多的创投资金去支持他们的创新。相反，中国的头部创投机构很多用的是美元、欧元的资金。

本篇中的"创新资本"主要就是指的应用创新领域的资本投入，不包括国家在基础科研领域的投入，国家竞争的背后的核心是民间的、应用创新资本总量的竞争，政府成立的产业基金如果主要用于产业孵化，不是基础科研，主要是通过民间股权机构投资到具体的项目上，也是创新资本的一部分，这部分资金也是导致中国资本总量和独角兽企业数量在2019年前后超过美国的重要原因，但后来随着美国利率上行，我们的创新资本总量被美国反超时，美国又培育出了比我们更多的独角兽企业，这也从相反侧面印证了第四代经济增长理论的正确性。

五、影响货币政策的因素分析

影响创新资本募集的是一个国家的利率，那么一个国家的利率水平是什么决定的呢？

首先，政府债务水平从根本上决定一个国家的利率水平。

一个国家的利率水平是由政府债务决定的，一个国家能够实行多高的利率，主要取决于政府拥有多少债务，政府的债务越高，则会被动地实行低利率，政府债务越低，才可以实行高利率，笔者将之称为"政府债务是金融利率的天花板"。当一个国家的政府债务大到一定程度后就会对央行利率进行"锁定"，当然这种锁定是一种"低利率锁定"。当前，日本和美国都面临着这种由政府债务引发的央行低利率锁定状况。在这种状况下，央行稍微加息，政府债务都会有崩盘的风险。现在日本实行了二十多年的零利率，就是因为日本政府债务最高，如果政府加息，财政就容易崩盘。

其次，政府的宏观经济政策偏好也是决定利率水平的重要因素。

中国与西方国家有着不同的政府经济政策偏好，经济危机来临时，西方国家一般都会首选货币政策，主要是通过降低利率的方法治理经济危机，而中国一般首选财政投资，主要通过政府财政投资刺激经济增长，从而走出危机。

六、第四代经济增长理论熊彼特、鲍莫尔的经济学研究并不冲突

在历史上，经济学家熊彼特以研究创新闻名，但是他研究的主要是创新的形式，而对"创新资本"研究得比较少。熊彼特时代的"创新资本"仍然是债权资本，来源是银行，熊彼特时代股

权资本仍然没有出现，因此熊彼特研究的是"创新经济学"，而笔者研究的是"创新资本经济学"，这是两个不同的研究范畴，不可混淆。第四代经济增长理论——创新资本经济学与熊彼特的创新理论相同的是，我们强调的创新都是指应用层面的创新，而不是基础科研领域的创新，只有应用创新才可以快速转化为经济发展。

熊彼特在研究创新时特别强调"企业家精神"的重要性，但后来遭到了美国经济学家鲍莫尔的否定。2002年，鲍莫尔出版《资本主义的增长奇迹——自由市场创新机器》，指出市场的活力源泉并不只是企业家精神，企业家不可能突然同时在某一时刻大量涌现，也不可能突然消失，更合理的是，企业家精神并非稀缺资源，创新创业活动的增长和减少的原因在于纯粹的经济因素，整个经济体系报酬支付结构的变化，这个变化背后则是社会制度环境的变迁。企业家精神和资源在生产性和非生产性（寻租）行为之间进行配置的方式，关键在于制度设计，如果制度安排不巧，企业家精神就会用于大胆的寻租活动，或破坏性活动，而将较少的用于生产性的创新活动。企业家并不天然具有创新职能，而是市场竞争迫使其创新。在垄断或鼓励寻租的市场环境下，企业家的创新很可能是非生产性的。

鲍莫尔虽然批判了熊彼特对企业家精神的盲目吹捧，指出了激发企业家精神的"政策环境"与"报酬支付结构"才更重要，但并没有指出是什么样的政策环境才是最好的，也没有指出"整个经济体系报酬支付结构"如何设定，这一点笔者在第四经济增长理论——创新资本经济学中则给出了回答，笔者提出的"高货币利率政策"就是一种有利于创新的"报酬支付结构"，可以为企业家创新创造良好的政策环境。

七、经济增长的"内驱力"问题

经济增长可以分为内生增长与外生增长，外生增长是不可持续的，经济增长最终要依靠内生增长，但内生增长的最优方法绝非自由放任，自由放任也诞生不了内生增长。

现代经济增长理论经过几代人的研究，逻辑越来越清晰，第二代经济增长理论提出了经济内生增长的前提是"技术进步"，第三代经济增长理论指出了技术进步的来源是"知识的边际递增效应",第四代经济增长理论则提出了"创新资本"的快速募集才可以推动技术进步的快速转化,而"高利率货币政策"可以推动创新资本的快速募集,这一套逻辑构成了完整的"创新动力学原理"。根据"创新动力学原理",一个国家经济增长的根本"内驱力"是"利率"。利率越高,经济增长的内驱力越强,利率越低,经济增长的内驱力越弱,经济增长理论本质上也是研究经济增长的内驱力问题。

附录1 ▎ ▎ ▎ ▎ ▎

本书提出的经济理论汇总

1. 经济危机的"分型辩治"理论

以前经济学界总是将经济危机看成一种类型，总想用一种原因进行解释，并为此争论不休，但这并不现实。经济危机"分型辩治"理论将经济危机分为三种类型，分别是生产过剩型经济危机、金融泡沫型经济危机和政府债务型经济危机，其中生产过剩型经济危机的根源是"需求不足"，金融泡沫型经济危机的根源是"货币不足"，政府债务型经济危机的根源是"税收不足"。三种经济危机的根源不同，治理方式也不同。其中，19世纪的经济危机以生产过剩型经济危机为主，20世纪的经济危机以金融泡沫型经济危机为主，21世纪的经济危机以政府债务型经济危机为主。凯恩斯经济学提出的"财政投资理论"比较适合治理生产过剩型经济危机，弗里德曼主张的"直升机撒钱"比较适合治理金融泡沫型经济危机，而笔者提出的"新财税主义宏观经济学"则适合治理政府债务型经济危机。

2. "政府债务型经济危机"理论

"政府债务型经济危机"是由政府过度负债引起的一种经济危机。"政府债务型经济危机"不是周期性经济危机，不会自动消失。"政府债务型经济危机"的根源在于财税改革落后于经济发展，"财税不足"是政府债务型经济危机爆发的根源，"政府债务型经济危机"会通过"政府债务－央行利率－金融投资－经济创新"传导机制，将经济危机的危害传导到社会的方方面面。一个国家如果出现了政府债务型萧条，往往会呈现出六大宏观经济特征，分别是低储蓄、低投资、低利率、低创新、低增长、低福利，这"六低"会导致整个社会的消沉，民众也会进入"无欲望社会"。日本是陷入"政府债务型萧条"的典型国家。政府债务型经济危机的最终消失需要通过"财税改革"的介入才能走出危机。政府债务型经济危机爆发时没有其他危机剧烈，但危害却比其他经济危机更加严重。

3."瓦格纳缺口""税收刚性"与"税收不足常态化"理论

"瓦格纳缺口"是笔者提出的一个新概念。德国经济学家瓦格纳最新发现了政府支出增长会快于经济增长的规律，笔者将政府支出与财政收入之间的缺口称为"瓦格纳缺口"。"瓦格纳缺口"的出现，一方面是由于政府支出的快速增长，另一方面也是由于"税收刚性"，税收刚性是由于税率的不可轻易调整造成的，所以"瓦格纳缺口"会呈现出不断扩大的趋势，因为"瓦格纳缺口"的存在，一个正常经济发展的国家，"税收不足"会成为一个国家的常态。

4.公共产品与私人产品的"匹配"理论

一个国家的社会和谐是建立在公共产品和私人产品的合理"匹配"之上，比如我们有多少私人汽车，就需要多少公路；有多少城市人口，就需要多少城市清洁人员，一旦公共产品与私人产品"比例错配"，就会出现经济社会系统的紊乱。这种经济社会系统的紊乱可以表现为交通拥挤、环境脏乱、贫富差距过大、社会风险增加等问题。公共产品与私人产品的"错配"，主要是由公共产品的供给不足造成的，"公共产品不足"也可以称为"公共贫困"。公共产品与私人产品属于互补品，私人产品的供给会随着技术进步而不断提高，但是公共产品的供给提高却受到"税收刚性"制约，不能随便提高，因此一个国家的政府应该及时进行财税改革，保障公共产品的供给与私人产品的匹配。公共产品与私人产品的匹配是一个动态的过程，还应该是一个"主动匹配"的过程，公共产品如果不去"主动匹配"私人产品的增长，就会发生社会紊乱，严重的话会演变成经济危机。这种"主动匹配"短期可以依赖财政赤字协调，长期需要税收不断改革以适应这个比例的变化。

5.真实经济周期理论批判（公共产品市场非均衡理论）

目前，在宏观经济学中居于主流地位的是美国经济学家提出的"真实经济周期理论"，他们强调"技术冲击"后市场自动恢复均衡的观点是不完全正确的。首先，市场经济是由私人产品和公共产品两部分组成的，价格调节与市场均衡只能发生在私人产品市场，这对公共产品市场是无效的，公共产品的供给受政府预算影响，短期可以通过赤字调节，但长期受到"税收刚性"的制约，所以公共产品市场是很难均衡的，因此真实经济周期理论中强调的市场均衡只能是私人产品市场的"局部均衡"，而不是包含公共产品市场在内的"整个市场的均衡"。公共产品的均衡是无法通过自由市场实现的，而公共产品的不均衡也会成为诱发经济危机的因素之一，因此完全意义上的市场自动均衡在现实中是无法实现的。其次，"技术冲击"对社会的冲击不是均衡地移动，仍然是从均衡到不均衡的改变。技术进步首先会导致私人产品供给的增加，但私人产品与公共产品必须合理"匹配"，私人产品供给的增加也会对公共产品的供给提出更大的需求，但公共产品的供给因为税收刚性制约而不能增加，这就导致了公共产品的供需失衡，因此技术冲击仍然导致的是不均衡的出现，主要表现为公共产品市场的不均衡。公共产品市场的"均衡点"是不能随便移动的。

6."货币政策与金融机构激励兼容"理论

央行发行的货币并不能直接进入实体经济，必须经过金融机构才可以被输送到实体经济，金融机构也并不会被动地充当货币输送渠道，他们也有自己的利益考量。金融机构输送货币的积极性主要受到利率的影响。金融机构是"高利率偏好"的，利率越高，金融机构从事货币供给的积极性就越高；利率越低，金融机构从事货币供给的积极性就越低，我们在制定经济政策时一定要考虑到"金融机构的激励相容"问题。弗里德曼将美国大萧条归结为紧缩性货币政策，并希望通过宽松的货币政策拯救经济危机，但是他并没有考虑到金融机构的"激励相容"问题。"量化宽松"在导致发行货币数量上升的同时，货币流通速度也在减慢，并不能真正拯救经济危机，因此，弗里德曼的货币理论存在重大缺陷。高利率对金融机构积极性的激发，我们称之为"利率激励"。

7. "中央银行－金融机构－实体经济"三元货币市场结构理论

传统货币利率政策制定主要采用的是瑞典学派的货币模型，默认的是"中央银行－实体经济"二元货币市场结构，仅考虑市场利率与自然利率的差额问题，不考虑金融机构的激励相容。实际上，央行发出的货币需要先进入金融机构，然后再通过金融机构进入企业，现实的货币市场是"中央银行－金融机构－实体经济"三元结构模型。当我们将货币市场结构由"二元结构"升级到"三元结构"后，就会发现瑞典学派依赖"市场利率和自然利率"构建的货币理论是错误的。"量化宽松"时代，央行虽然发行了很多货币，但是过量的货币也导致了低利率，因此金融机构并没有动力将这些货币输送到实体经济，反而会导致实体经济无资金可用，增发的货币只能进入金融投机市场。

8. "最优央行货币利率"理论

传统货币理论只考虑货币需求方企业的利益，不考虑货币供给方金融机构的利益，认为货币利率越低越好，甚至有些国家将零利率当作最能促进经济增长的货币政策。但"最优央行货币利率"理论认为货币利率并非越低越好。货币利率越低，民众储蓄和投资的意愿越差，这时金融机构会出现募资难，金融机构从事投融资业务的积极性也会降低，低利率与民众的投资理财以及金融机构的货币供给都无法实现"激励相容"，反而不利"有效货币供给"的扩大，因此，利率太高或太低都不利于经济发展，最优的央行货币利率是既可以保证金融机构从事货币供给的积极性，又不伤害实体企业对货币需求的利率，这个最优央行货币利率也称为黄金货币利率点或是货币利率的黄金水平，是实体经济货币需求与金融机构金融供给的最佳结合点。在这个黄金利率点上，金融体系的货币内生是最强的，"有效货币供给"的规模最大，"运行货币"的总量是最多的，金融最能促进经济发展。

9."央行利率天花板"理论——央行利率的"政府债务压制"

一个国家的央行实行什么样的货币利率并不是完全自由的，而是由其政府的债务水平决定的。因为央行的利率水平关系到一个国家的"政府债务利息"支出，一个国家的央行利率水平越高，这个国家的债务利息支出就越多。一个国家的政府如果负债过大，这个国家的央行就不能随意提高利率，因为一旦提高利率，政府债务就有随时崩盘的风险，也就是说，一个国家的最高货币利率必须在其政府债务所能承受的范围之内。因此，一个国家"央行利率的天花板"是这个国家的政府债务水平，央行利率受到国家政府债务的压制。一个国家的政府负债越低，央行就可以实行比较高的债务利率；政府债务越高，央行实行高利率货币政策的可能性越小。一个国家所能实行的最高利率是由其政府的负债水平决定的。

10.央行利率被政府债务"锁定"现象

因为央行利率受到政府债务的压制，所以随着政府负债的增高，央行可以实行的货币利率会越来越低，当政府负债大到一定程度时，央行就会被迫长期实行零利率。一旦一个国家走向了"零利率"就很难再走出来，这时我们称为央行利率被政府债务"锁定"，这种情况已经在日本出现。

11. 央行独立悖论（"央行独立不可能性"定理）

一个国家的央行虽然说有一定独立性，但也只有制定货币政策的权力，却没有控制政府债务发行的权力。央行虽然不能控制政府债务的发行规模，却要为政府债务不崩盘负责。政府可以不断地增加债务，央行却不能随意提高利率。因为央行的职责之一是稳定经济，如果发生政府债务崩盘，经济将会陷入极大的危机，这也是央行不愿意看到的。因此，央行的"利率政策独立性"实质上是会受到政府高债务的侵蚀，最终央行都会"顾全大局"向政府部门妥协。在政府债务越来越高的情况下，就会发生"政府债务－央行利率"锁定，从而央行彻底失去了利率调整的自由。总之，政府债务越大，央行的独立性越低，因此，从根本上说央行并不能完全独立，其货币政策也不是完全自由的，我们将这种现象称为"央行独立不可能性"原理。

12. "政府债务－央行利率"螺旋理论

"政府债务－央行利率"螺旋理论认为，政府债务与央行利率是一对螺旋关系，央行降低利率可以助长政府借债，而政府债务过高可以压制央行提高利率。"政府债务-央行利率"螺旋对宏观经济的影响可以表现为两方面：一方面，它可以将央行低利率的危害传导到政府债务，让政府掉入债务陷阱，因为政府都喜欢趁低利率借债，但等央行利率提高后，政府债务已经高到积重难返；另一方面，它可以把政府债务的危害传导到央行利率，再通过央行利率传导到社会经济的各个方面。政府债务可以对央行利率形成压制，政府债务高到一定程度，央行就不能随意提高利率，而是被迫实行长期的低利率，而这种央行低利率会对经济的各方面都发生影响。政府应该对"政府债务-央行利率"螺旋进行控制，防止其向不好的方向演化。

13. "政府高债务-央行低利率陷阱"

"政府债务-央行利率"螺旋如果控制不好就会导向"政府高债务-央行低利率陷阱"。"政府高债务-央行低利率陷阱"是"政府债务-央行利率"螺旋演化的结果，同时也是西方国家将"量化宽松"作为一种主流的经济危机拯救措施之后极容易形成的一种经济现象。西方国家实现"量化宽松"货币政策后市场利率极低,这种低利率会促使政府大举借债,政府借债又会导致央行利率不能提高,央行利率提高后,政府债务就可能出现崩盘,最后的结果就是出现"政府高债务"和"央行低利率"并存的局面,我们称之为"政府高债务–央行低利率陷阱"。这两种现象相伴而生,相互影响,相互增强,而且是单向运动的,只能朝着政府债务越来越大,央行利率越来越低的方向发展,短期内难以走出去。"政府高债务–央行低利率陷阱"是国家经济的一个"死结"。其中,政府高债务的危害会通过央行低利率传导到经济的各个方面,而央行低利率对经济造成的间接危害比政府高债务对经济造成的直接危害还要大。一个国家一旦掉入"政府高债务–央行低利率陷阱"就很难走出来。

14. "政府债务–央行利率–金融投资–经济创新"传导机制(债务–创新传导理论)

一个国家的高政府债务会对利率形成压制,政府债务越高,央行利率越低。政府高债务最终会将国家逼到低利率或零利率的道路上。低利率或零利率首先摧毁的是金融机构的投融资业务。在低利率环境下,金融的崩溃是从民众投资和金融机构募资两个方面同时实现的。在零利率环境下，民众不愿意储蓄与投资，而是倾向于消费和借贷。金融机构的资金主要来源于民众的储蓄，影子银行的资金也主要来自民众的投资理财，在低利率或零利率环境下，民众不愿意储蓄和投资，金融机构普遍缺乏资金；其次，在零利率货币环境下，金融机构也没有足够利润空间作为激励，金融机构普遍不愿意从事投融资业务，较低的利润空间使金融机构没有足够的利润去覆盖业务风险，这三方面的因素合到一起就会导致金融系统的崩溃。一个国家的创新主要靠金融资本的支持，特别是股权资本的支持，低利率或零利率下，民众不愿意投资理财，创新资本会出现募集困难，导致一个国家的经济创新最终会因为缺乏创新资本的支持而陷入衰落。也就是说，一个国家的高政府债务首先会传导到央行的货币政策，央行的货币政策又会影响到金融机构，再从金融机构传导到创新领域，最终摧毁一个国家。"政府债务－央行利率－金融投资－经济创新"传导机制可以让我们从更深层次了解到政府债务危机的危害。政府债务可以威胁到一个国家的根本前途。

日本是最早实行"量化宽松货币政策"的国家，日本在移动互联网时代就开始走向衰落，美国是在2008年之后开始实行"量化宽松"货币政策的,这时正是移动互联网的时代,美国开始在移动互联网时代走向衰落,因此,美国和日本的创新衰落都是因为实行了错误的低利率货币政策。

15."子虚补其母"的产业升级理论

中医有"子虚补其母"的理论,其实"产业升级"和"财税升级"也是这样的"子母"关系。一个国家的产业升级是"子",财税升级是"母"。一个国家的产业发展必须先拥有足够多的知识人群、发达的科研能力、完善的基础设施、充分的社会保障才行,这些都是产业发展的母体。只有母体足够强大,才能孕育出发达的产业。如果母体不够强大,其产业发展也必然是孱弱的。产业发展可以为社会母体发展提供充足的税收,社会母体发展又为产业发展提供了较好的基础条件,这才是良性互动。当一个国家产业发展停滞的时候,我们不仅要扶持产业,更要改善并壮大产业发展的社会母体。我们要看这个国家是否有足够的接受过高等教育的人才,是否有强大的科研能力,是否拥有完善的基础设施,民众是否有足够的社会保障,这些基础具备,产业自然就会孕育得非常好。如果这些不具备,产业发展只能受限。社会母体的强大主要靠"财税升级"。"子虚补其母"的产业升级理论将产业升级与财税升级有机联系了起来，没有财税升级协同，产业升级也不可能单独完成。"子虚补其母"的产业升级理论是新财税主义宏观经济学的核心理论。

16. 第四代经济增长理论（创新资本经济学）

第四代经济增长理论是指高利率环境下创投资金超级聚集所推动的经济创新式增长，第四代经济增长理论也称为"创新资本经济学"，认为经济增长是基于创新的，但经济创新不仅需要技术和人才，更需要以股权投资为代表的"创新资本"的支持，只有"创新资本"的支持才可以让技术进步尽快转化为生产力。传统经济增长理论中的"索洛模型"指出了技术进步的重要性，"内生经济增长模型"强调了知识的边际递增效应对技术形成的作用，但是他们没有解决技术进步向生产力转化的问题，而这正是第四代经济增长理论所研究的。第四代经济增长理论认为"创新资本"是决定技术向生产力转化的关键因素。一个国家能否实行创新式增长，关键看这个国家具备怎么样的创新资本聚集能力。第四代经济增长理论认为，高利率货币环境则是社会资金向创新、创投领域集中的前提条件。第四代经济增长理论反对"量化宽松",认为低利率与金融机构"激励不相容",反而会造成在投融资领域资金供给的减少,适度高利率才能对民众和金融机构的投资形成正向激励,促使资本向投资领域集中,从而推动经济增长。第四代经济增长理论本质是"创新资本"如何才能快速聚集的理论。

17. 新型国家竞争力理论

根据第四代经济增长理论,国家竞争是创新的竞争,而创新能否成功又取决于一个国家的"创新资本聚集能力"和最终的"创新资本总量",因此,我们提出一种新型国家竞争力理论,就是国家竞争的本质是"创新资本的聚集能力"的竞争,其具体的衡量指标就是一个国家的"创新资本总量"。在国家竞争中,哪个国家的"创新资本聚集能力"更强,哪个国家的"创新资本总量"最多,哪个国家就会在未来竞争中处于不败之地。因此,国家发展不仅要关注GDP指标,也要关注"创新资本总量"这个指标,这是经济发展的先行指标。一个国家的"创新资本总量"指标高了,国家未来会出现比较高的经济增长。

18. 市场经济"内驱力"理论

国家的经济发展一定要靠"内驱力"的推动,"内驱力"比"外驱力"更重要。凯恩斯经济学强调的"政府投资"本质是依靠"外驱力"实现的经济增长。根据研究,我们发现一个国家经济发展的内驱力是"高利率",只有"高利率"才是与金融机构激励相容的,高利率可以提高资本的盈利能力,提高资本服务实体经济的积极性,可以让资本去更好地驱动实体经济的发展。经济发展的逻辑是"利率驱动资本,资本驱动企业",最终实现经济的发展。传统的基于瑞典学派的利率理论只考虑了企业的货币需求,忽略了金融机构的货币供给,是错误的。

19. 创新动力学原理

第四代经济增长理论则提出了"创新资本"的快速募集才可以推动技术进步的快速转化,而"高利率货币政策"可以推动创新资本的快速募集,这一套逻辑构成了完整的"创新动力学原理"。第四代经济增长理论的本质是阐明"创新动力学原理"。

附录2

本书中提出的经济学概念

1. 罗斯福经济学

"罗斯福经济学"是指政府投资与财税改革相结合的经济学。政府投资的钱主要来源于税收的增加,而非赤字。对不适合经济发展阶段的财税制度进行改革,不仅可以支撑投资,也可以实行社会的全面升级。罗斯福经济学与凯恩斯经济学的不同在于,凯恩斯经济学中没有财税改革的内容,凯恩斯主张减税,主张用财政赤字去支撑政府投资,罗斯福经济学才是美国"新政"成功的关键。凯恩斯经济学只能拯救小萧条,拯救不了大萧条。

2. 罗斯福财税体系

"罗斯福财税体系"是指在美国罗斯福新政期间形成的以个人所得税和社会保障税为主体的税收体系。

3. 社会资源消耗税

"社会资源消耗税"是对民众的"社会资源消耗行为"征收的一种税收，是消费税的升级。"社会资源消耗税"是一种可以兼顾环境保护和社会公平的一种税收。

4. 超额社会资源消耗税

"超额社会资源消耗税"是指针对那些超出社会平均水平的社会资源消耗行为征收的税种，比如针对房产可以征收"超额房产税"。

5.公民捐赠账户与储蓄式捐赠制度

"公民捐赠账户"制度主张国家为每个公民的捐赠行为建立"公民捐赠账户",并且这种账户与公民的社会救助相结合。民众在生活宽裕时可以向国家进行捐赠,当个人生活遇到困难时,可以直接从"公民捐赠账户"中无条件、无延时地领取社会救助,这种捐赠也带有一定的储蓄性质,所以称为"储蓄式捐赠"。

附录3

对美国"供给学派"和"现代货币理论（MMT）"的比较与评价

一、对美国"供给学派"的对比与评价

经济学界主张减税的主要是"供给学派"，"供给学派"其实是脱胎于凯恩斯学派的一个经济学分支，由凯恩斯学派萨缪尔森的弟子创立。美国"供给学派"的形成主要经历了三个阶段，第一个阶段是20世纪60年代，美国"肯尼迪减税"的成功是其理

论诞生的实践基础。肯尼迪政府时期，经济学家萨缪尔森向肯尼迪政府提出了"减税"建议，肯尼迪政府的减税主要是向企业减税，着眼于提高企业投资。供给学派诞生的第二个阶段是，20世纪70年代后，美国进入滞胀时期。萨缪尔森的弟子蒙代尔提出了"紧缩货币+减税"的二元策略。1971年，普林斯顿系刊《国际金融文集》发表了蒙代尔的一篇演讲稿，题目为《美元与政策组合：1971》这可以算是供给学派最早的学术文献。蒙代尔认为，20世纪60年代的美国经济繁荣印证了他的组合策略的正确。

　　蒙代尔的研究很快吸引了他的学生拉弗的加入，拉弗的加入让供给学派迅速壮大，也发生了转变。1974年，拉弗组织了一场由美国企业研究所主办的会议，讨论全球通货膨胀问题。这是华盛顿政客们第一次有机会听到后来被称为供给经济学的理论，但那时还没有"供给经济学"的名字，后来经济学家、联邦政府顾问赫伯特·斯坦因为他们杜撰了"供给侧财政主义者"一词。从这个名字可以看出，供给学派本质是财政主义，是凯恩斯经济学的一支，但后来供给学派另一成员万尼斯基将其修改了一下，变成了"供给经济学"，这样可以与凯恩斯学派的"需求经济学"针锋相对。

供给学派发展的第三个阶段是"拉弗曲线"的提出。1974年，拉弗与当时福特总统的白宫助手切尼见面时在餐桌上绘制出了"拉弗曲线"。"拉弗曲线"的提出表明供给学派有了自己独立的理论，不再是对凯恩斯学派"减税"策略的模仿。"拉弗曲线"提出后的供给学派原理其实与萨缪尔森当时的"减税"主张已经大相径庭，供给学派发生了"质变"。凯恩斯学派的减税主要是通过减税刺激企业投资，"供给学派"的减税则主张削减总体税负，其中主要包括为富人削减个人所得税。拉弗的主张后来遭到萨缪尔森、奥肯等肯尼迪政府顾问的反对，萨缪尔森甚至到芝加哥大学发表了《为何大家都在笑拉弗》的演讲。不过当时拉弗曲线确实没有被福特政府接受，直到拉弗的好友里根成为美国总统后，供给学派才成为"官方经济学"。

供给学派的核心理论认为经济会存在两个等额的税收点，一个是在小税基、高税率的基础上取得的，一个是在大税基、低税率的基础上取得的，供给学派主张的是"大税基、低税率"。客观地说，这两个等额的税点在理论上是存在的，但是哪个点更优则是值得探讨的。"大税基、低税率"确实可以达到等额的税收，但这两个"等额税点"虽然对应的税收收入是相同的，对应的政府义务却是不同的。因为经济增长会带来政府义务的增加,"大税基"时的"低税收"是不能让政府完成其应该承担的义务的,因为这时公共财政收入占GDP比例是大幅下降的,但与此同时,政府各项支出却是随着经济增长而增长的。如果在经济支出增长的时候,财政收入不能增长,那必然会造成赤字或财政支出下降,但财政支出占GDP的比例很难下降,最终只有实行"赤字"一种选择。其实,任何时候"低税率"都意味着将经济增长的好处分给了富人,而将麻烦留给政府。"赤字"时间长了就会出现政府债务危机,而美国的历史也是这样发展的。当然,蒙代尔等人早就意识到了减税会造成政府债务,但蒙代尔却主张通过"境外资金"解决,也就是通过让其他国家购买美国国债解决赤字问题,后来的美国也是这样做的,这是典型的只顾当下,不顾未来的经济策略。经过几十年的发展,供给学派的弊端也日益暴露,当今美国面临的巨额政府债务其实就是多次实现供给学派减税政策的结果。总体来说,供给学派的"减税"是一种带有短期主义性质的政策主张,其最终无法逃避"财税改革"。

二、对现代货币理论（MMT）的对比与评价

"现代货币理论"是美国"后凯恩斯学派"提出的一种解决经济危机的方案。现代货币理论认为可以通过"财政赤字货币化"解决经济危机时期的政府支出问题。"财政赤字货币化"其实并非新主张，一直有人想尝试，只是现代货币理论将其学术化了。对于这一主张，我们首先明确，后凯恩斯学派的"财政赤字货币化"与美国货币学派的"量化宽松"并不是一回事。"量化宽松"是"对整个经济货币化"，而后凯恩斯学派是主张"只对财政赤字货币化"，这是明显的区别。前者的本质是货币主义，后者的本质是凯恩斯主义，现代货币理论还对财政赤字的用途进行了规定。

"货币数量论"制约下的"财政赤字货币化"空间探讨

如果在经济危机时期，在"通缩"的大环境下，通过财政赤字拉动经济增长是可行的，但是"财政赤字货币化"必然面临

与"货币数量论"的矛盾，从长期看"货币数量论"是对的，因此"财政赤字货币化"增加的货币，只能与正常的"基础货币"增长率一致，也就是与经济增速一致，因此考虑"货币数量论"时，"财政赤字货币化空间=基础货币数量×经济增速"。比如经济增速是3%，那么就只可以拿出基础货币数量的百分之三的货币数量去填补财政赤字，但是基础货币与国内生产总值是有区别的，基础货币的数量远远低于国内生产总值，基础货币数量的百分之三，连国内生产总值的百分之一都不到，而经济危机时期的财政赤字一般都要百分之五以上，因此，如果考虑"货币数量论"的限制，"财政赤字货币化"增加的货币数量对于改善赤字没有任何意义，只是杯水车薪而已。但即使短期先不考虑"货币数量论"的限制，从长期也要考虑。

通缩或失业制约下的"财政赤字化"空间探讨

后凯恩斯学派提出"财政赤字货币化"肯定是不考虑"货币数量论"的，因为"货币数量论"自身在短期也会失灵，那只能以失业和通缩为界限。如果以失业和通缩为限制，那就在短期内无须考虑增发的货币数量问题。如果短期内不考虑增加的货币数量问题，那只需要考虑一个问题，就是后期的"货币回收"问题。现代货币理论学派提出"用税收回收货币"，这确实是个好方法。税收的量也是很大的，基础货币的数量是很小的，用税收回收货币完全可行，但唯一存在的问题是，在实践中，政府会不会将"回收货币"的税收重新用于财政支出？如果将"回收货币"重新用于财政支出还是等于"货币超发"，如果不用于财政支出，就必须要求政府是"现代货币理论"的忠实执政者，或是在通胀的压力下被迫这么做。这点是存疑的，而且在现代货币理论中，"货币回收"的执行者由央行变成了财政部，央行一般是没有自身利益的，但财政部往往面临巨大的财政支出压力，他们很难缩减政府开支，因为"用税收回收货币"后，政府必须缩减财政支出才可以达到"回收货币"的目的，这时财政部愿不愿这样做很关键。如果要保障做到"货币回收"，只能在批准政府赤字时同步出台与货币回收相关的"税收制约方案"，这种"货币回收制约"对"现代货币理论"的成功实行或是维护"现代货币理论"的学术声誉是非常必要的措施。

现代货币理论具有"使用时间局限性"，必须在"充分就业"实现之前停止使用。根据凯恩斯的"半通胀"理论，其实通胀在

"充分就业之前"已经开始出现了,因此财政赤字货币化不能在"充分就业临界点"退出,而是应该在"充分就业临界点到来之前"退出,因此现代货币理论本质是具有"使用时间局限性"的"短期措施"。如果现代货币理论是"短期措施",那就不能代替"财税改革",因此,现代货币理论与笔者的新财税主义宏观经济学是不冲突的,而且是可以相互配合。在短期内可以实行现代货币理论的"财政赤字货币化",但在长期需要实行新财税主义宏观经济学的"财税改革",这样"短期经济问题"和"长期经济问题"都有了解决方案。

正常经济时期实行"财政赤字货币化"的后果

如果在非经济危机时期还实行"财政赤字货币化"的话,就面临"货币数量论"的约束,而且财政赤字的数量是非常大的,就会大大增加基础货币的投放,就会造成巨大的通货膨胀压力,这点与货币主义是没区别的。尽管投放方式不同,增加货币是可以流动与扩散的,最终都会变成货币总量的增加,都面临通胀问题。其实,经济增长可以吸收的货币有限,根本无法固化那么多的增发货币。

笔者在新财税主义宏观经济学中还批判了"低利率"的危害，这虽然是针对"量化宽松"的，但也适用于"现代货币理论"。低利率是现代"货币理论"和"量化宽松"共同的弊端，如果是短期还可以，如果是长期实行必然出问题，只要是导致"低利率"的货币政策对经济的"系统性危害"都不可避免。

总之，现代货币理论的"财政赤字货币化"作为短期措施是完全没有问题的，而且比货币学派的"量化宽松"更优，因为"财政赤字货币化"增加的财政支出是财政部直接使用，可控性更强，但要在"通胀"和"充分就业"的临界点到来之前提前结束，而且如果作为长期措施使用，会面临与"量化宽松"同样的问题，一是通胀风险，二是廉价货币对经济系统的冲击。但是"货币回收"阶段，"现代货币理论"比"量化宽松"要更难操作，只能配合相应的"货币回收制约"才行，这样"货币回收"才是有保障的，但不管怎样，现代货币理论作为短期措施与新财税主义宏观经济学是没有任何冲突的，人类面临的政府债务问题最终要通过根本性的"财税改革"才能解决。